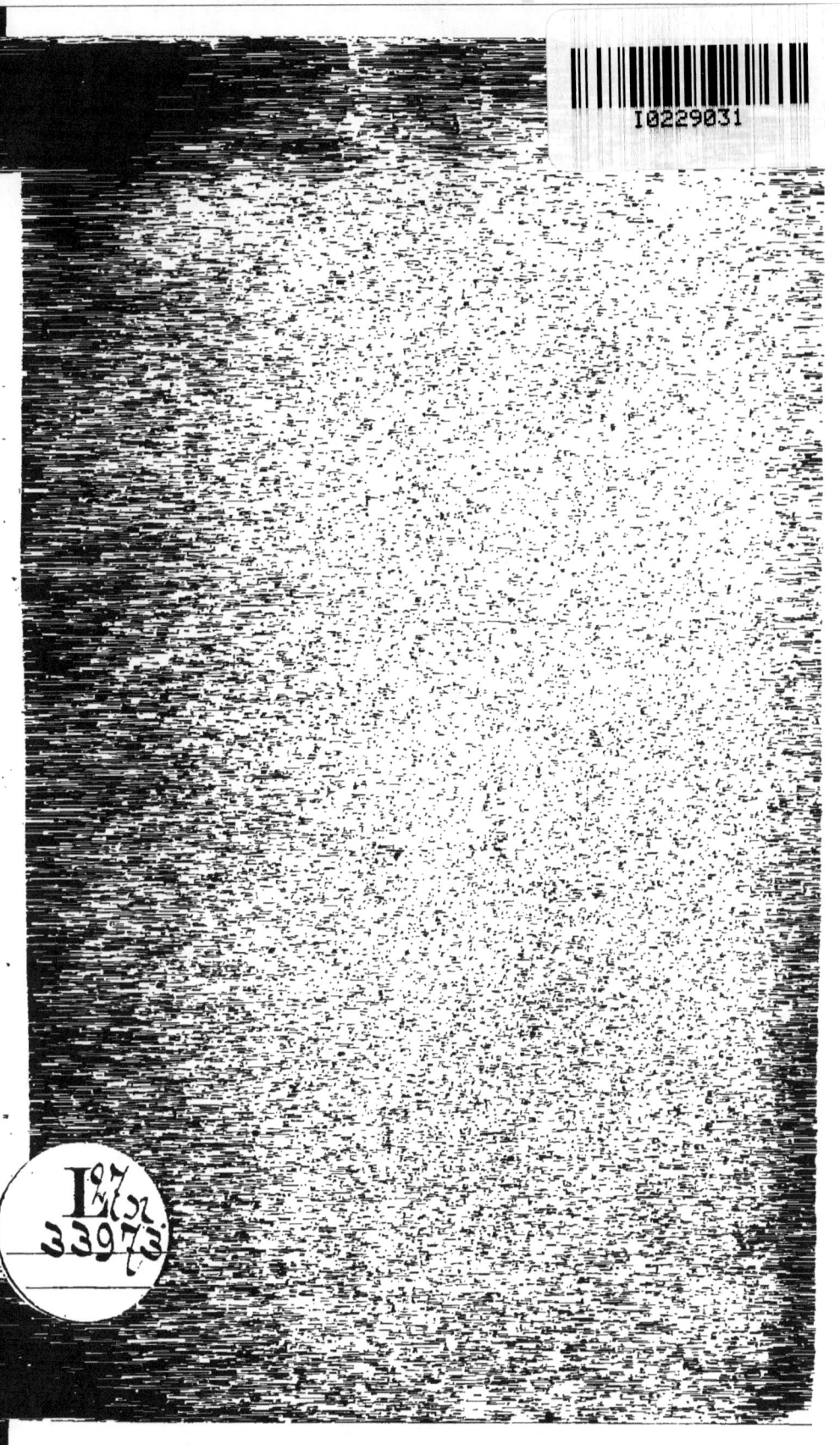

LES
PAROLES D'UN CROYANT DE CAHORS

LÉON GAMBETTA

ET

LE PAYS DES CADOURQUES

Par Timothée FIDELYS

LYON
J.-E. ALBERT
IMPRIMEUR-ÉDITEUR
30, rue Condé.

PARIS
JULES VIC
LIBRAIRE-ÉDITEUR
11, rue Cassette.

1883

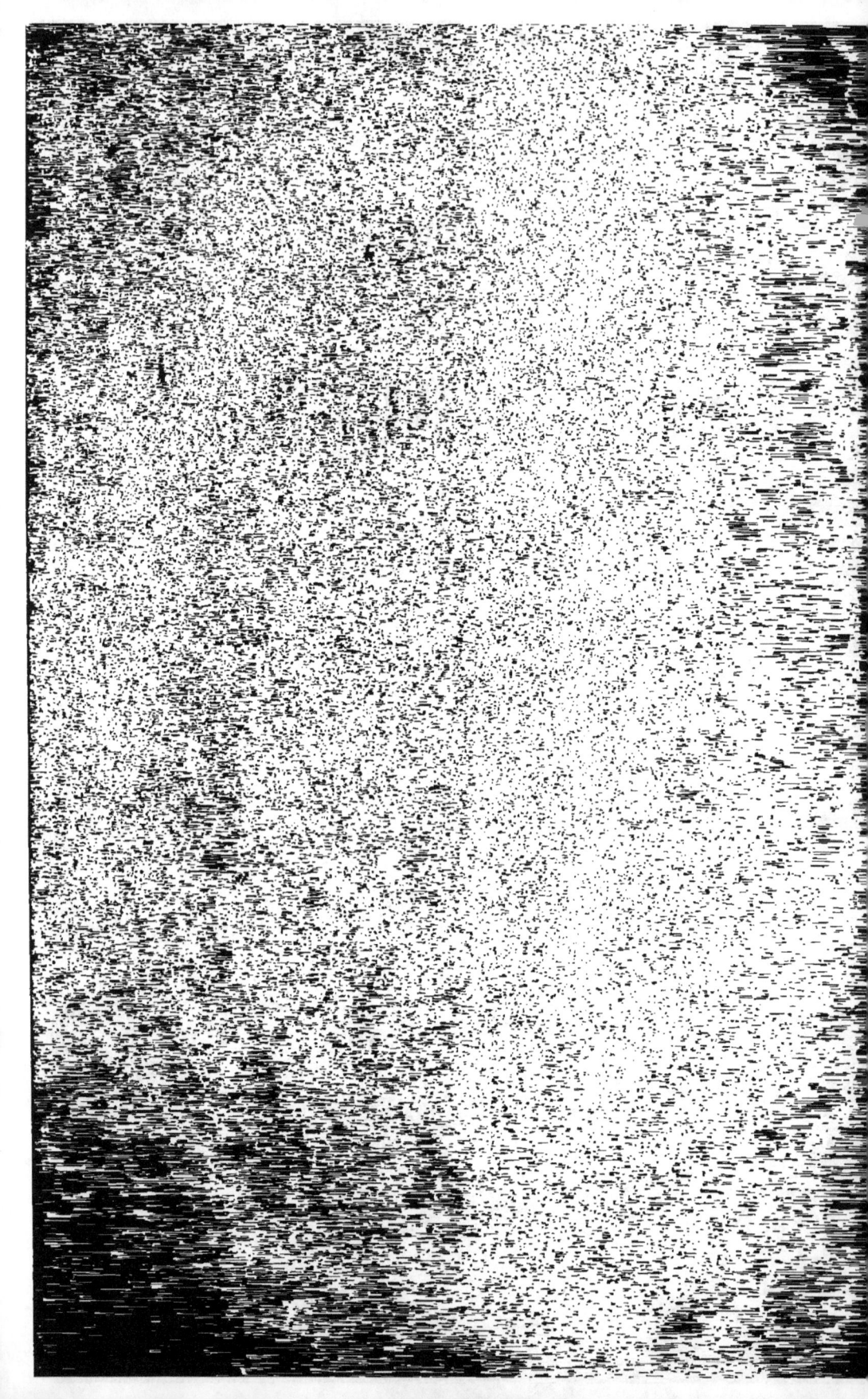

LES

PAROLES D'UN CROYANT DE CAHORS

LES

PAROLES D'UN CROYANT DE CAHORS

LÉON GAMBETTA

ET

LE PAYS DES CADOURQUES

Par Timothée FIDELYS

LYON
J.-E. ALBERT
IMPRIMEUR−ÉDITEUR
30, rue Condé.

PARIS
JULES VIC
LIBRAIRE−ÉDITEUR
11, rue Cassette.

1883

AVANT-PROPOS

> Verumtamen in imagine pertransit homo, sed et frustra conturbatur.
>
> En vérité l'homme passe comme une image qui disparaît, comme une ombre qui s'évanouit, et néanmoins ne laisse pas de s'inquiéter et de se troubler inutilement pour une vie qui dure si peu.
>
> (Psaume 35, 3.)

Un livre d'une grande actualité va bientôt paraître, et tout fait espérer qu'il sera favorablement accueilli du public et obtiendra un légitime succès.

Le fougueux tribun qu'une mort si prompte vient de faire disparaître de la scène politique, n'a pas eu le temps de réaliser les projets qu'il avait préparés et mûris dans le silence de son esprit, mais il n'a pas emporté dans sa tombe les funestes principes, et les semences de haine et de discorde, qu'il avait jetés sur une terre si profondément troublée.

De l'avis des hommes sages et réfléchis, la situation est toujours grave et pleine de périls, et l'Eglise se trouve en face des disciples de la libre-pensée et des adeptes d'une philosophie matérialiste et athée qui veulent la dépouiller de ses droits les plus saints et de ses libertés les plus sacrées. C'est donc le moment de ceindre ses reins et de se revêtir des armes de la lumière, comme dit l'Apôtre, afin de résister avec un invincible courage aux ennemis de la justice et de la vérité.

Au moment où l'ennemi franchissait nos frontières, le glorieux soldat de Marengo et d'Austerlitz s'écriait : Les Anglais sont en France et le peuple ne se lève pas pour les jeter à la mer ! Nous aussi, à la vue des plus odieux attentats dirigés contre l'honneur et la liberté de l'Eglise du Christ, nous nous demandons comment il peut se faire que ce peuple de France, autrefois si fidèle, ne se lève pas tout entier pour défendre son Dieu, sa foi et ses autels !

Dans une rue de Rome un officier français osa dire d'un prêtre qui passait devant lui : « Vous jouez de vos restes. » Ces paroles furent vivement relevées et rejetées à la face de ce vil insulteur. Si cet officier venait s'offrir à nos regards, nous le prierions de nous dire ce qu'est devenu son maître.

L'épreuve peut être longue et terrible, mais

l'Eglise restera ferme au milieu des flots courroucés, et se relèvera glorieuse à la voix de ce Fils du Dieu vivant qui a fait les siècles et qui lui redira : « Ayez confiance, car j'ai vaincu le monde et j'ai enchaîné les puissances de l'abîme. »

Ce livre sur le député de Belleville et sur la vieille terre des Cadourques est donc un cri de foi et d'espérance, et le jour n'est peut-être pas loin où nous pourrons répéter en toute vérité les paroles du grand-prêtre Joad dans *Athalie :*

Jérusalem renaît plus brillante et plus belle.
Lève, Jérusalem, lève ta tête altière ;
Regarde tous ces rois de ta gloire étonnés.
Les rois des nations, devant toi prosternés,
    De tes pieds baisent la poussière,
Les peuples à l'envi marchent à ta lumière,
    Cieux, répandez votre rosée,
  Et que la terre enfante son Sauveur,

INTRODUCTION

Le livre que nous offrons au public sous ce titre modeste : « Les paroles d'un croyant de Cahors, » étude sur Léon Gambetta et sur le pays des Cadourques, est né d'une pensée de foi et de conservation religieuse et sociale. Après une longue suite d'années marquées par des révolutions et des bouleversements successifs, la France n'est pas encore remise de la terrible secousse qui a emporté de grandes et de vénérables institutions, et se retrouve plus faible, plus divisée et plus languissante qu'aux époques les plus critiques et les plus menaçantes. Tout ce qui fait la force et la grandeur d'un pays civilisé : la religion, la magistrature, l'armée, l'enseignement libre à tous les degrés, la sainteté de la famille, le respect de l'autorité, l'inviolabilité des personnes et des propriétés, tout cela, dis-je, est menacé et semble courir à une ruine certaine.

Le représentant du gouvernement de Louis-

Philippe à la conférence de Londres, prié par ses collègues d'émettre son avis sur la situation générale de l'Europe, prononçait ces graves paroles : Il n'y a plus de France diplomatique. Ce que le prince de Bénévent disait de la diplomatie de la France après les événements de 1830, parut aux ambassadeurs des puissances de la plus haute gravité ; et un saisissement de crainte et d'effroi agita vivement les esprits de cette imposante assemblée. Et cependant rien n'a manqué et n'a été refusé aux gouvernements qui se sont succédé si rapidement sur cette terre de France pour établir et rendre durable un état de choses qui permît de fermer l'ère des agitations, des troubles et des bouleversements politiques. De grands hommes de guerre ont organisé de puissantes armées et courbé l'Europe sous leur épée victorieuse. De savants et de profonds jurisconsultes, que nous avait légués l'ancienne monarchie, se sont efforcés de nous donner une législation qui fût en harmonie avec les besoins et les intérêts de la société moderne. De grands ministres ont opéré de vastes réformes dans notre système financier et administratif. Les parlements et les diverses cours de justice ont été remplacés par de nouvelles institutions judiciaires ; l'égalité politique et civile, la liberté des cultes ont été inscrites dans nos lois ; notre système économique a été complètement remanié ; enfin, rien n'a été épargné pour assurer la grandeur, la paix et la prospérité publique. Tous ces efforts ont été vains, et le vaisseau de la République, comme disait le poëte favori de Mécène, est toujours violemment agité.

Mais d'où vient qu'au prix de tant de richesses, de sacrifices, et de tant de gloire et de génie, nous n'avons pu encore trouver la terre ferme et asseoir sur un fondement solide et inébranlable l'édifice qui doit nous abriter contre les flots et les orages ? Serions-nous donc condamnés à répéter, dans l'amertume et la tristesse de notre âme, ces paroles désolantes du prophète royal : *Infixus sum in limo, et non est substantia.* Je suis enfoncé dans la fange et je ne sais où appuyer mes pieds chancelants.

La cause véritable de ces efforts impuissants et de ces vaines et infructueuses tentatives pour fonder un établissement politique qui groupe autour d'un centre unique toutes les forces, tous les intérêts et toutes les aspirations d'un grand pays, nous la trouvons dans ces belles paroles du Sauveur : L'homme ne vit pas seulement de pain, mais de toute parole qui sort de la bouche de Dieu. L'antique simplicité des mœurs chrétiennes, la pureté de vie, le sentiment et le goût des grandes choses de Dieu et de la religion, ont fait place à l'amour excessif des plaisirs et des jouissances terrestres, et l'esprit d'impiété et d'athéisme a produit dans les âmes et dans les esprits de tristes et d'épouvantables ravages. Un luxe effréné a dévoré de riches patrimoines et préparé pour l'avenir les plus affreuses misères. On a trop oublié que l'esprit de sacrifice était le fondement et la source féconde de ces vertus et de ces qualités précieuses qui sont l'appui, le soutien et l'honneur des familles et préparent aux Etats un riche et brillant avenir.

Un philosophe de ces derniers temps disait : Le bonheur consiste à se procurer la plus grande somme de jouissance possible. Ces funestes principes d'une philosophie sans élévation de vues et de pensées, ont produit les plus tristes fruits, et n'ont pas peu contribué à cet abaissement des âmes qui attriste nos regards. Les peuples qui regardent trop vers la terre et se détournent des splendeurs du ciel, courent à une perte certaine, et voilà pourquoi aujourd'hui nous cheminons dans des sentiers si rudes et si difficiles, et au milieu d'une sombre et effrayante obscurité. Juvénal, qui apercevait déjà dans l'empire romain des signes de décadence et de ruine s'écriait : *Luxuria incubuit victumque ulciscitur orbem.* Le vice impur s'est répandu sur le monde romain et a vengé l'univers vaincu.

Ce que tant de rois et de peuples n'avaient pu faire, une corruption profonde devait l'accomplir. Rome, qui avait soumis à ses lois les plus puissants monarques de la terre et triomphé du génie d'Annibal et des armées de Mithridate, tomba pour ne plus se relever sous le poids de ses hontes et de ses vices.

Les nations pas plus que les individus ne vivent pas seulement de pain, mais de cette parole qui tombe de la bouche du Dieu vivant, et répand dans les esprits et dans les cœurs les semences précieuses des plus belles vertus et des plus sublimes dévouements. Ce n'est pas en élevant un immense Colisée, que les gladiateurs devaient arroser d'un sang réputé vil et impur, et qui devait retentir de ces cris affreux : « Les chrétiens aux lions! » que Vespasien pouvait régénérer son peuple et lui préparer un long avenir de prospérité. Mais c'est surtout dans le prophète Osée que nous apparaissent dans un jour éclatant les causes mystérieuses et profondes qui élèvent les peuples ou précipitent leur ruine et leur décadence. Ecoutons l'homme inspiré : C'est l'état pendant lequel les enfants d'Israël seront longtemps sans roi, sans prince, sans sacrifice, sans autel, sans éphod, et même sans théraphims, c'est-à-dire sans idoles. Et après cela, les enfants d'Israël reviendront de leurs égarements ; et ils chercheront le Seigneur leur Dieu, et le fils de David leur roi : et dans les derniers jous ils recevront, avec une frayeur respectueuse, le Seigneur et les grâces qu'il doit leur faire.

L'auteur de cette étude n'a aucune préférence pour les diverses formes de gouvernement que la main de Dieu ou le cours des événements peuvent amener et établir au milieu des peuples, et comme le grand évêque de Meaux, il ne voit dans l'élévation et la chute des empires que la main de cette Providence qui dispense les sceptres et les couronnes, et donne aux rois qui s'écartent de la voie de ses commandements, de grandes et terribles leçons, et leur apprend ainsi que leur majesté est empruntée et que leur gloire et leur autorité ne sont que le rejaillissement de sa puissance et de sa justice. Il se rappelle aussi les paroles du président Montesquieu : « Les peuples n'ont que le gouvernement qu'ils méritent. » Il lui est donc permis de placer à la tête de son livre les paroles du prophète Osée, et d'en tirer d'utiles et précieux enseignements.

Les temps difficiles et si profondément troublés que nous traversons, rappellent cet état si voisin d'une grande ruine et d'une affreuse désolation. Si les terribles et criminels desseins de toutes les sectes révolutionnaires venaient à se réaliser, et si les monstrueuses doctrines des fauteurs de désordre et d'anarchie pouvaient recevoir leur application, la société serait sans roi, sans prince, sans sacrifice, sans autel, sans éphod, et même sans theraphims. Les lois seraient sans force, et les dépositaires de la puissance souveraine erraient éperdus, sur des rivages désolés, et contempleraient, avec de vifs frémissements de crainte et d'épouvante, un immense embrasement, allumé et entretenu par les torches des soldats d'un nouveau Catilina, et verraient le ciel se teindre de couleurs rouges et bleuâtres. Il n'y aurait plus de princes, car tous les grands pouvoirs et toutes les magistratures de l'Etat auraient disparu au milieu des fureurs d'un peuple dégoûté de tout, même de lui-même. Les sacrifices auraient cessé, et l'on pourrait répéter et appliquer à cet affreux bouleversement ces paroles du prophète Daniel : « Aux derniers jours de Jérusalem, l'hostie et le sacrifice manqueront. » *Deficiet hostia et sacrificium*. L'autel que l'on avait laissé dépouiller de son antique honneur, jonchait la terre de ses débris fumants, la disparition du grand-prêtre qui portait l'éphod, entouré de douze pierres précieuses sur lesquelles étaient gravées le nom des douze tribus d'Israël, et ce rational, au milieu duquel on lisait ces grandes paroles : Doctrine et Vérité, n'est-ce pas là une image de l'affaiblissement des croyances religieuses, de la diminution de ces vérités précieuses, qui sont un principe de force et de vie, et de l'amoindrissement de cette autorité suprême de l'Eglise, à laquelle, il avait été dit par le divin Maître : « Pais mes agneaux, pais mes brebis ? »

Enfin ce peuple qui a jeté aux vents du siècle toutes les richesses de son esprit et de son âme, ne se courbe plus même devant les idoles ; et tout ce qui lui rappelle les idées et les principes d'une religion ou d'une philosophie spiritualiste, ne lui inspire qu'un sentiment d'horreur et de dégoût. C'est alors que la bête féroce se dresse furieuse et menaçante, et que le vaisseau de l'Etat, jeté en pleine mer, voit s'amonceler autour de lui des vagues irritées, et s'ouvrir de vastes et profonds abîmes. Assis près du gouvernail, le pilote, environné d'une sombre horreur, entend au loin, le bruit de la tempête, et ne découvre plus au delà de cette immensité le port où il pourra jeter l'ancre, et attendre des jours meilleurs.

Peut-être, revenus de leurs égarements, les peuples rechercheront le Seigneur, reprendront le chemin des saintes collines, et feront entendre des cantiques de joie et d'allégresse. Un vaste courant d'opinion et de grandes nécessités sociales ramèneront-elles sur le trône de ses pères le fils de cette maison de David qui a présidé si longtemps, avec tant de gloire, aux destinées d'un grand peuple ; nul ne saurait le dire. Il faut attendre l'heure marquée par la divine Providence, et s'incliner avec frayeur, mais avec confiance, devant ce Roi éternel des siècles, dont la pensée arrachait à l'Apôtre des nations ces magnifiques paroles : « O profondeur des trésors de la sagesse et de la science de Dieu, que ses jugements sont incompréhensibles et ses voies impénétrables ! » Et s'il était permis à des voix modestes de se faire entendre, nous rappellerions que les ouvriers qui rebâtissaient, après le retour de la captivité de Babylone, les vieilles murailles de Jérusalem, étaient couverts de leurs armes, pour repousser les attaques des habitants de Samarie qui, dans un sentiment de basse jalousie, voulaient empêcher les enfants d'Israël d'élever ces grands et utiles travaux pour la défense du pays.

Quels que soient les hommes que les circonstances ou la confiance de leurs concitoyens élèveront au faîte du pouvoir, ils devront, comme les soldats de Zorobabel, se tenir prêts pour le combat, et s'ils ont à cœur de fonder quelque chose de durable, ils devront se rappeler ces sages recommandations du grand-prêtre, dans la tragédie d'*Athalie* :

Rompez, rompez tout pacte avec l'impiété,
Du milieu de mon peuple exterminez les crimes,
Et vous viendrez alors m'immoler des victimes.

Oui, la maladie dont souffre la société, et dont sont morts tant de peuples, c'est l'esprit d'impiété et d'athéisme. Un homme qui promettait à l'Eglise de devenir un de ses plus vaillants et de ses plus fidèles défenseurs, a dit : On a toujours vu la religion au berceau des peuples les plus florissants, et l'incrédulité à leur tombeau.

Outre ces considérations, d'un ordre si élevé, et qui sont inspirées à l'auteur par un sentiment de foi et de patriotisme, ce livre renferme des détails curieux, et d'un grand intérêt, sur le pays des Cadourques. Tout ce qui a fait la grandeur et la prospérité de cette ancienne terre des Gaules nous est venu, en partie, de ces belles et riches contrées. Le grand pèlerinage de Rocamadour, où saint Louis et saint Bernard sont venus prier pour le succès de nos armes et le triomphe de l'Eglise, est encore debout, et est enfin sorti de ce long abandon dans lequel l'avaient laissé des générations trop oublieuses d'un glorieux passé. De grandes abbayes, comme celle de Souillac et de Marcillac, avaient été des foyers de science et de vertu. Les ordres militaires qui arrêtèrent la barbarie musulmane, recrutèrent au milieu de ces forêts d'illustres et intrépides soldats. Comme on le voit, nous repoussons de toutes nos forces toute solidarité et toute communion d'idées et de principes avec le tribun de Belleville.

Du reste, la famille Gambetta ne s'était établie dans la capitale des Cadourques que depuis cinquante à soixante ans, et elle a quitté pour toujours ce pays si profondément chrétien, où elle avait reçu le plus bienveillant accueil. Les deux cercueils, qu'aucun signe de foi et d'espérance chrétienne n'accompagnait, ne reposeront pas auprès des vieux murs de cette ville de Cahors, qui fut toujours si fidèle et si dévouée à la foi de ses pères et à l'honneur de l'Eglise.

Nous avons écrit et composé ce livre sans aucun sentiment de haine et d'esprit de parti : « *Sine irâ et studio : quorum causas procul habeo,* » comme le dit Tacite, au commencement de ses Annales. Nous avons voulu seulement protester énergiquement contre des doctrines et de funestes exemples qui nous ont toujours paru l'odieuse négation de ce que nous avons de plus précieux : l'honneur et la dignité des âmes chrétiennes.

E. B., *croyant de Cahors.*

LES

PAROLES D'UN CROYANT DE CAHORS

(Jugement de l'heure présente)

LÉON GAMBETTA ET LE PAYS DES CADOURQUES

Par Timothée FIDELYS

Deux hommes venaient de se rencontrer auprès de cette belle fontaine des Chartreux, située à quelques centaines de mètres du Pont-Valendré, et que l'on pourrait appeler l'Aréthuse de l'ancienne Divona. C'étaient Jacques Siraudet et le sieur de Boutillot. L'un était un savant agronome et un célèbre viticulteur, et sa grande réputation avait franchi les limites de son département. Sa haute taille avait quelque chose d'imposant et de majestueux, et son vaste front, qu'ombrageait une chevelure abondante et plus blanche que la neige, le faisait ressembler à un prêtre du temple de Dodone. Le sieur de Boutillot, au contraire, toujours grelottant et presque souffreteux, mais d'une figure fine que semblaient illuminer deux grands yeux noirs, avait fourni une brillante carrière, et laissé au palais, et dans le monde des lettres et des arts, une trace glorieuse. Tous deux étaient enfants de Cahors, et lorsqu'ils se furent assis sur le petit mur qui borde ces eaux profondes, ils gardèrent quelques instants le silence. Siraudet, qui arrivait de Toulouse, où il avait présidé un concours de viticulture, regardait avec un air attendri l'emplacement des vieilles Cadourques, aujourd'hui disparues, et l'ancien collège des Jésuites, où il avait terminé avec éclat, sous la Restauration, ses études littéraires et philosophiques. Tout à coup le sieur de Boutillot tira de sa poche un journal sur lequel était écrit en gros caractères, en tête de la première page : « Funérailles civiles du grand citoyen et du tribun patriote. » Permettez-moi, dit Siraudet, de prendre connaissance de cet article de fond. Et il reçut des mains de son ami la feuille parisienne. Dès qu'il eut parcouru les premières colonnes du journal, il se tourna vers son ami en lui disant : « Hélas! tout passe bien vite sur cette terre de France ; Voltaire, quelques jours avant sa mort, s'écriait, en traversant les rues de Paris, porté en triomphe sur les bras d'un peuple innombrable et ivre d'admiration et d'enthousiasme : « J'étouffe sous les roses. » Mon grand-oncle se trouvait auprès du lit de mort du comte de Mirabeau, lorsque le puissant tribun laissa tomber de ses lèvres mourantes ces terribles et épouvantables paroles : « J'emporte avec moi dans la tombe la vieille monarchie française. » Dieu veuille, murmura tout bas Boutillot, en se penchant vers les larges nappes d'eau qui s'échappaient à gros bouillons du pied de la colline, que le terrible enfant de Cahors n'emporte pas avec lui notre pauvre France ; mais s'il m'était permis, ajouta-t-il, en relevant sa tête de prophète, de vous adresser une prière, veuillez me dire, Siraudet, ce que vous pensez de la disparition si subite et si imprévue de cette haute personnalité politique. Je lisais hier, dans vos savantes remarques sur les Annales de Tacite, ces belles paroles, que vous avez commentées dans un langage si noble et si elevé : « Tous se précipitaient dans la servitude : *Ruebant in servitutem.* » Tout l'univers fléchit, et un maître se lève. Il allait se lever, ce maître tout-puissant, lorsque la Providence, (pour me servir des expressions d'une lettre de Napoléon Iᵉʳ à la duchesse de Montholon), l'a brisé comme un verre. « *Et nunc, reges, intelligite, erudimini, qui judicatis terram.* » Apprenez maintenant, rois et princes, à connaître les terribles jugements de la Majesté divine ; et vous qui jugez la terre, instruisez-vous en voyant tomber, comme frappés par la foudre, les plus hauts cèdres du Liban.

« Mais puisque vous daignez m'interroger sur ce grand évenement, je vous dirai sans détour, et sans me départir d'une sage et prudente réserve, les pensées et les réfléxions qu'une mort si inattendue a éveillées dans mon esprit. Aucune pensée amère ne doit s'élever autour de cette tombe, qui recouvre les restes mortels d'un homme si considérable ; je veux même détourner mes regards de cette Villa d'Avray, où le tribun, entouré d'un petit nombre d'amis et de quelques coreligionnaires politiques, a rendu le dernier soupir. Saint Paul a dit : « Il est terrible de tomber entre les mains du Dieu vivant. » J'aime à croire qu'avant de fermer pour toujours ses yeux à la lumière, quelques sentiments de foi et d'espérance, fruit de son éducation chrétienne, ont remué son âme, et peut-être... » Siraudet s'arrêta, visiblement ému.

Boutillot, qui venait de plaider un procès politique des plus retentissants, semblait partager cette émotion. Tous deux considéraient cette vieille cathédrale de Cahors, dont les antiques tours et la belle et grande rosace dominaient, de toute leur hauteur, ce bazar génois où le père de M. Gambetta avait passé de longues années, et amassé une modeste fortune, ces tours larges et élevées, cette église de Saint-Urcisse, où repose l'évêque patriote, cette église de Notre-Dame, dont les vieux murs se mirent dans les eaux du Lot. La vieille tour et l'église de Jean XXII, de ce pontife d'Avignon, qui dota Cahors d'une université, sont pour moi, dit Siraudet, de grands et utiles enseignements. Les pierres de ces vieux monuments sont l'image de ce fondement indestructible sur lequel s'élève l'Eglise du Dieu vivant. De furieuses tempêtes se sont déchaînées contre ce roc inébranlable, mais rien n'a pu ni le briser ni le détruire. Au déclin de mes jours j'aime à me rappeler les paroles de Paul : « Les cieux vieillissent comme un vêtement ; mais pour vous, vous êtes toujours le même, et les années ne vous manquent jamais. » Les hommes passent, et Dieu demeure. Si Dieu se lève, ses ennemis seront dispersés et emportés par le souffle de la colère céleste. C'est là, sire de Boutillot, ce qui me soutient et me console, à la vue de ces fortunes qui s'élèvent comme les grandes eaux au milieu d'une mer tranquille, et disparaissent tout à coup dans de sombres abîmes.

Le sire de Boutillot, appuyé contre la roche, comme un augure de l'antique Rome, écoutait en silence ces graves paroles. La matinée était belle et comme souriante, les rayons d'un soleil d'hiver se jouaient entre les branches d'un chêne immense, qui semblait regretter son riche et épais feuillage, et plongeait ses fortes et vigoureuses racines jusqu'au milieu de ces eaux pures et limpides. Le Lot roulait paisiblement, et comme à regret, ses eaux rougeâtres le long du chemin où se trouvaient les deux amis.

Je voudrais cependant, dit le sire de Boutillot, vous adresser une simple question, et je sais d'avance que vous êtes bien en mesure d'y répondre et de m'édifier sur bien des points de la plus haute importance. Vous avez connu, tout enfant, l'homme qui vient de disparaître si subitement, et vous pouvez me fournir sur ses premières années d'utiles et précieux renseignements. J'aimerais aussi à connaître ce que vous pensez de ce fameux programme de Belleville, que le futur député reçut de la main de ses électeurs, et jura d'observer fidèlement.

Je puis sur ce point satisfaire votre légitime curiosité, dit Siraudel, car j'habite depuis longtemps Cahors, et j'ai eu souvent occasion de m'entretenir avec le père et l'oncle du jeune tribun. Cet enfant qui devait, à la suite de nos divisions politiques et de nos révolutions, s'élever jusqu'au faîte des honneurs et de la puissance, eut des commencements assez modestes. Cependant ses études au petit séminaire et au lycée furent assez brillantes, mais personne ne pouvait prévoir que l'avenir lui réservât une si haute fortune. Vous m'avez demandé ce que je pense du programme de Belleville et du discours de Romans. Avant tout permettez-moi de vous dire que le cri : « Le cléricalisme c'est l'ennemi ! » a dû exciter dans tous les esprits et dans toutes les âmes honnêtes la plus vive réprobation, et que l'homme qui l'a poussé, et qui s'est vu emporté par le souffle de la puissance divine, n'en avait pas, peut-être, mesuré tout le sens et toute la portée.

Bossuet, dans un de ses ouvrages, disait : « Un peuple ne peut vivre sans religion, et l'empire romain lui-même n'a pu survivre à la disparition de ses Dieux et de ses institutions religieuses. » Lorsque des flots de barbares se jetaient sur ce colosse à demi détruit, on dit qu'une voix mystérieuse fit entendre ces paroles : « Les Dieux s'en vont. » C'était le signe avant-coureur d'une vaste ruine et de la chute profonde de cette cité, si longtemps maîtresse du monde, et que saint Jean appelait la grande prostituée.

Le grand évêque de Meaux, parlant, dans son magnifique discours sur l'unité de l'Eglise, de ce clergé français qui a défriché les deux tiers de l'Europe et conservé les précieux trésors des sciences, des lettres et des arts, s'écriait : « O Eglise de France, pleine de science et de vertu ! »

et dans deux discours célèbres, l'aigle de Meaux rendait un éclatant hommage d'estime et d'admiration au maître qui avait élevé sa jeunesse, et lui avait inspiré le goût des choses de Dieu et de la religion. L'Eglise surtout lui apparaissait sous la belle et grande image du peuple d'Israël, échappé aux maux de la servitude, et traversant l'aridité du désert, guidé par une colonne de nuées, qui éclairaient sa marche pendant la nuit ; et il s'écriait, de cette grande voix qui avait pleuré sur le cercueil des hommes les plus illustres de son temps : O Israël, que tes tentes sont belles ! O Jacob, que tes pavillons sont admirables ! Et il montrait le faux prophète Balaam, qu'on avait amené sur le sommet d'une montagne, afin de maudire la grande armée du peuple de Dieu. Plusieurs fois le prophète étendit ses mains pour répandre ses malédictions ; mais, saisi de la plus vive admiration à la vue de cette armée sainte qui s'avançait à travers la solitude, dans un ordre si imposant et si magnifique, il se sentait prêt à bénir ceux qu'on voulait le forcer de maudire.

Ce clergé français, si pieux et si dévoué ; cette Eglise que le prophète Daniel représentait comme un arbre immense qui couvre de ses riches et puissants rameaux toute la terre, et sous l'image de cette pierre énorme qui se détache de la montagne, et vient briser et réduire en poudre la statue à la tête d'or, à la poitrine d'argent, au ventre d'airain, aux jambes de fer et aux pieds d'argile, sont encore debout et poursuivent, au milieu des clameurs d'une foule insensée, et ivre de fêtes et de plaisirs, le cours de leurs œuvres et de leurs travaux.

La présence du faux prophète Balaam, prêt à maudire les valeureuses légions d'Israël, ne les empêcha pas d'atteindre la Terre promise, et de purger ces riches et belles contrées d'un peuple profondément perverti et courbé sous le poids de ses vices et de ses misères. La lutte fut longue et terrible, mais la main de Dieu était avec les chefs d'Israël, et l'œuvre de justice et de régénération sociale et politique fut bientôt entièrement terminée et accomplie. Au tabernacle qui rappelait l'humble tente des pasteurs et l'amère pauvreté d'un peuple soumis à une odieuse et avilissante servitude succédèrent bientôt les splendeurs du règne de David, ce prince dont la main puissante étranglait les lions qui menaçaient de dévorer son troupeau, et qui chantait déjà sur sa harpe ces grandes paroles : *In virtute tua lætabitur rex et exultabit vehementer; Deus, quis similis tibi?* Le roi soutenu par ta puissance se réjouira, et son cœur sera rempli de la plus vive allégresse. Et lorsque le roi pacifique eut succédé à ce grand capitaine et à ce prophète inspiré et élevé une demeure digne de la majesté et de la grandeur du Roi éternel des siècles, des milliers de voix chantèrent dans l'enceinte de ce temple ces paroles : *Qui regis Israel velut ovem Joseph, intende.* Vous qui gouvernez Israël comme la brebis de Joseph, soyez attentif ; et au milieu de ces saintes réjouissances éclatèrent ces formidables paroles : *Deus intonuit de Cœlo et contremuit terra, et fugerunt qui oderunt eum.* Dieu a fait entendre du haut du Ciel l'éclat de son tonnerre, et la terre a été saisie de crainte et d'épouvante, et l'on a vu fuir ceux qui haïssent ce roi de gloire et de puissance.

Oui, malgré ce cri de guerre et de persécution religieuse, l'Eglise, qui est la colonne et le fondement de la vérité, subsistera éternellement. Nous avons vu de tristes et lamentables choses. De pieux et savants religieux ont été expulsés de leur demeure, au milieu des huées d'une vile populace ; et lorsque, invoquant ce principe de notre droit public : « que personne ne doit être distrait de ses juges naturels, » ils ont demandé aux tribunaux de leur pays justice et réparation, on leur a répondu par un arrêté de conflit. De saintes filles, qui avaient renoncé à tout pour se vouer au soulagement des malades et soigner les infirmités les plus affreuses et les plus dégoûtantes, ont été, sous prétexte de laïcisation, éloignées de ces asiles de la douleur et de la souffrance. De pauvres frères de la Doctrine chrétienne, qui avaient consacré à l'éducation et à l'instruction de nos enfants les plus belles années de leur vie, et consumé dans ces humbles mais pénibles travaux les forces les plus vives de leur corps et de leur esprit, ont dû quitter les maisons d'école où ils avaient fait preuve de tant de zèle et de dévouement. Nous avons vu même une foule ignoble envahir la maison de retraite de ces mêmes frères et en chasser de pauvres vieillards qui avaient espéré s'endormir en paix, dans ce lieu de prière, entre les bras de leur divin Sauveur. Enfin cette image du Christ et de son auguste et sainte Mère, que les ministres de notre sainte religion ont approchée si souvent du lit des mourants et déposée sur des lèvres déjà glacées par la mort, comme un signe de foi et de douce confiance en la bonté divine, ont été enlevées et condamnées à disparaître de toutes nos écoles publiques. On a dit que, du haut du château des Crêtes, l'homme qui vient de disparaître, adressait à ceux qui allaient ordonner l'expulsion et la dispersion violente de nos religieux ces simples paroles : Faites vite.

Siraudet, en prononçant ces derniers mots, avait les lèvres frémissantes, et l'on sentait qu'une sourde et vive colère agitait son âme.

Tout à coup, en levant les yeux au-dessus de lui, il aperçut deux hommes qui descendaient de la colline à travers une allée bordée d'amandiers et de noisetiers. C'étaient un prêtre et un pauvre frère des écoles chrétiennes.

Tous deux marchaient lentement, et semblaient s'entretenir tristement de choses graves et douloureuses. Siraudet, qui les reconnut, dit à Boutillot : « Ce prêtre dont les cheveux ont blanchi au milieu des rudes labeurs du saint ministère, est un de mes amis, et je professe pour ce noble caractère la plus grande estime et la plus vive sympathie. C'est un des plus ardents et des plus intrépides défenseurs de nos libertés religieuses, et l'ouvrage qu'il vient de publier sur Tacite et son siècle, est une œuvre des plus savantes et des plus remarquables. Esprit ferme et modéré, il ne voit dans les événements divers qui se succèdent avec une effrayante rapidité que la main de cette Providence qui élève et renverse les trônes, et donne au monde, quand il lui plaît, de grandes et terribles leçons. »

Mais déjà l'abbé et son compagnon n'étaient qu'à une faible distance de la fontaine. Siraudet et le sieur de Boutillot se levèrent respectueusement, et firent aux nouveaux venus l'accueil le plus bienveillant et le plus empressé. L'abbé et le Frère des Ecoles chrétiennes se montrèrent sensibles à ces marques d'intérêt et d'affectueuse estime. Ils s'assirent au bord de la fontaine, au pied du grand chêne, dont les longues branches, dépouillées de leurs feuilles, s'allongeaient tristement sur leurs têtes. L'abbé paraissait vivement préoccupé, et son front, couvert de rides profondes, conservait comme un reflet de force et de sérénité, et sur les traits amaigris de son visage resplendissaient cette vivacité d'esprit et cette fermeté d'âme qui l'avaient soutenu au milieu des plus rudes épreuves et des plus amères douleurs. Vous me ferez le plaisir, leur dit Siraudet, de venir passer quelques jours dans ma villa de Labéraudie, où vous retrouverez encore quelques-uns de vos anciens amis. L'abbé et le Frère se rendirent sans peine à cette aimable invitation, et s'acheminèrent vers cette délicieuse habitation, en s'entretenant de la grande nouvelle, qui défrayait tous les discours et toutes les conversations.

Le lendemain Siraudet et le digne abbé, appuyés contre le tronc d'un grenadier, se réchauffaient aux rayons d'un magnifique soleil, et échangeaient leurs pensées et leurs sentiments. Que pensez-vous, cher ami, dit Siraudet, de cette mort subite qui vient d'emporter en quelques jours le grand tribun qu'on pleure dans le camp républicain ?

Notre-Seigneur, répondit l'abbé, s'adressant à un de ses disciples qui lui demandait la permission de se rendre auprès de ses parents : « Laissez les morts enterrer les morts. » Un voyageur visitant le Campo Sancto de Pise, s'arrêta devant une inscription ainsi conçue : « Ne pleurez pas le mort. » Ces paroles du divin Maître et cette inscription funéraire gravée sur la tombe d'un cimetière italien résument d'une manière frappante les enseignements que les esprits sages et éclairés ne manqueront pas de tirer d'un événement si considérable. Ces morts qui conduisent le deuil et escortent la dépouille mortelle de ceux qui ne sont plus, n'est-ce pas là une fidèle image de ces astres errants et de ces nuées sans eau, dont parle l'apôtre saint Jacques, qui s'agitent dans un vide immense, et ne présagent à la terre que des jours de misère, et de longues années de souffrance et de stérilité ? Ces hommes qui ont sacrifié aux pieds des idoles les plus riches trésors de la foi et de l'espérance chrétienne, ont arraché les bornes posées par nos pères, et ont déchaîné les vents et les tempêtes sur une terre déjà couverte de ruines et de décombres. Nous avons tous connu cet enfant dont on promenait hier les restes mortels à travers les rues et les places publiques de la grande cité. Sur ces hauteurs où l'avait élevé le souffle populaire, il a dû regretter bien souvent le calme et la tranquillité des premières années de sa vie. Un de mes amis, que j'ai rencontré il y a deux jours sur la place du Capitole de Toulouse, me dit, en me serrant affectueusement la main : « Il s'est donc laissé mourir, ce pauvre Gambetta dont la turbulence faisait le désespoir de ses maîtres et excitait parfois des séditions parmi ses jeunes condisciples ? »

L'abbé allait continuer, lorsque le sieur de Galifot se montra tout à coup au milieu du jardin et vint s'asseoir auprès des deux interlocuteurs.

Galifot était un ancien directeur des douanes, et pendant les longues années qu'il était resté à la tête de cette administration, il avait opéré de sages et utiles réformes. Il venait d'acheter aux environs de Cahors une magnifique propriété qui renfermait de riches vignobles. Il espérait terminer en paix ses jours dans le vieux château qui s'élève au milieu de ce riche domaine. Il était sur le point de tirer de sa poche un large portefeuille qui contenait sa volumineuse correspondance, lorsque le sieur de Boutillot vint lui dire qu'un employé de la Trésorerie générale désirait lui parler et avait à lui faire une importante communication. Galifot, quoique un peu contrarié, remit son portefeuille dans la large poche de sa veste de velours et se rendit dans le salon de la villa.

Quel est cet homme, demanda l'abbé, qui vient de nous arriver si subitement ?

C'est un de mes amis les plus fidèles et les plus dévoués, répondit Siraudet. Cet homme, qui possède une fortune considérable, n'habite plus Cahors depuis plus de 40 ans. Il avait d'abord acheté une étude d'avoué, mais un jour, dégoûté de la chicane, il vendit cette étude et se rendit à Paris auprès d'un oncle qui occupait une grande position au ministère des finances. Après avoir rempli avec zèle et une rare exactitude de modestes fonctions, il obtint, grâce au crédit et à la recommandation de son oncle, d'être nommé sous-directeur des douanes de la Méditerranée. Il ne tarda pas à gagner l'estime et l'affection de ses supérieurs et fut mis quelques années après à la tête de cette importante administration. Son passage dans ce poste élevé fut marqué par de grands travaux et d'utiles et profondes réformes qui attirèrent sur lui l'attention du Directeur général des Douanes maritimes. Un riche et brillant avenir s'offrait à lui lorsqu'une perte douloureuse et cruelle lui inspira la résolution de quitter les affaires et de se retirer dans ce magnifique domaine qu'il venait d'acquérir quelques mois auparavant. J'ai eu le plaisir de dîner avec lui avant-hier chez notre ami commun Bonnardot. On avait appris la veille la mort si triste et si prématurée de celui qu'on appelle l'intrépide patriote et le grand citoyen. Galifot qui avait toujours entretenu avec la famille Gambetta d'excellents rapports, se lamentait sur la fragilité de la vie humaine. Bonnardot se permit de lui dire : Le jeune Léon, que j'ai connu tout enfant, aurait fait sagement, lorsqu'il eut terminé ses études de droit, de quitter cette nouvelle Babylone et de venir se fixer dans sa ville natale, où il aurait bientôt conquis au barreau une place des plus distinguées et des plus brillantes. Son éloquence vive et entraînante l'aurait élevé aux plus grands honneurs, et il aurait pu vivre ainsi heureux et tranquille, et n'entendre que de loin le bruit des orages qui sèment partout le trouble et la désolation. Ce jeune et bouillant orateur qui vient de finir si tristement au fond d'une villa me rappelle le tribun Rienzi, qui fit son entrée à Rome revêtu d'un riche costume, et fut tué dans une émeute après avoir été l'idole du peuple romain. Ce fils d'un cabaretier que sa rare éloquence et son vaste savoir avaient porté au faîte des honneurs et de la puissance, avait mis fin à l'anarchie qui désolait la Ville Eternelle et formé le grand dessein de faire de toutes les provinces italiennes une république fédérative dont il serait le chef et le protecteur. Du haut de son palais il disait à ses ministres et à ses courtisans, en leur montrant les quatre points cardinaux : Tout cela est à moi. Son despotisme parut insupportable à ce peuple qui l'adorait la veille ; mais au milieu de ces tempêtes populaires il déploya une fermeté d'âme qui lui valut les éloges même de ses ennemis. Il fut l'ami de Pétrarque et de Boccace, et s'il avait pu affermir son autorité et consolider sa puissance, peut-être aurait-il, comme les Médicis, présidé à la renaissance des lettres, des sciences et des arts, et donné son nom au siècle qui l'avait vu naître.

Ce rapprochement historique, dit Galifol, ne manque ni de vraisemblance ni de vérité, et le discours qu'il prononça au concours agricole de Cahors fut pour moi une révélation. Le moment n'est pas encore venu de porter un jugement définitif sur l'ancien député de Belleville, mais ce que je puis dire dans un moment où l'oubli et peut-être l'indifférence vont s'étendre sur une tombe à peine fermée c'est que cet homme me rappela ce jour-là les Gracques de l'ancienne Rome. Ce partage des terres qui fournit à ces audacieux tribuns un moyen si puissant de soulever les masses et d'ébranler la société romaine jusque dans ses fondements, rappelle les revendications du parti radical et socialiste. Mon cher Siraudet, il n'y a rien de nouveau sous le soleil, et quand on lit l'histoire des révolutions de Suède et de Rome, et surtout l'histoire de la conjuration de Catilina par Salluste, on croit avoir sous les yeux le tableau vivant et animé de nos guerres civiles et de nos divisions intestines. Tacite et le proconsul de Numidie ont écrit plus d'une page de notre histoire.

Le sieur de Boutillot vint alors annoncer à l'abbé et à Siraudet que le dîner était servi. Ils se levèrent et se rendirent dans un grand salon, où déjà quelques amis étaient réunis. On s'assit autour d'une large table magnifiquement servie, et quelques instants après la conversation roula sur le grand événement qui avait produit dans toute la France une si vive émotion. Le marquis de Grivaudet, qui assistait à ce banquet d'amis, pria l'abbé de lui faire connaître toute sa pensée sur ce fameux programme de Belleville qui avait fait tant de bruit. L'illustre agronome qui nous offre aujourd'hui une si riche et si généreuse hospitalité, a déjà développé, devant le sire de Boutillot, de savantes et justes considérations sur le côté religieux de cette profession de foi du chef de l'opportunisme. Je ne suis pas un Œdipe capable de pénétrer les grands desseins et les secrètes pensées du sphinx que tant d'autres ont tant de fois interrogé vainement. Avec lui meurent sans doute et s'évanouissent des projets et des espérances que Dieu seul a connus ; et peut-être s'était-il proposé de déchirer le pacte qu'il avait juré sur le Mont Aventin de l'ancienne Lutèce, le jour où il se sentirait assez fort pour abattre l'hydre révolutionnaire, et fermer le puits de l'abîme. Mes amis, s'écria le digne ecclésiastique, pour devenir un homme de gouvernement, raffermir le sol si profondément ébranlé et présider aux destinées d'un grand peuple, il faut rompre avec les fauteurs de désordre, et poursuivre, jusque dans leurs derniers retranchements, les ennemis irréconciliables de tout principe d'autorité et de sage administration. L'homme providentiel qui rouvrit les temples, releva les autels et signa le Concordat de 1801, avait entretenu les plus étroites relations avec les chefs du jacobinisme français, et lorsqu'il créait une nouvelle noblesse, et récompensait par de riches dotations, ses ministres et ses généraux, il ne faisait que ressusciter une aristocratie et un ordre de choses que ses plus fidèles serviteurs et ses plus fermes soutiens, avaient juré naguère d'anéantir à jamais. Du reste, le programme de la veille des hommes que la faveur populaire élève et pousse vers le pouvoir, diffère profondément de celui du lendemain.

J'étais fort jeune lorsque le prince Louis Napoléon Bonaparte, qui allait bientôt ceindre la couronne impériale, prononça à Bordeaux ce fameux discours qui commençait par ces paroles: « L'empire c'est la paix. » Si le nouvel empereur avait été fidèle aux engagements solennels qu'il prenait à la face du pays, de grands malheurs auraient été évités, et la France vivrait heureuse et tranquille sous le spectre de son fils. Nous avons, disait le prince, en développant le magnifique programme des travaux de la paix, nos marais à dessécher, nos montagnes à reboiser, nos canaux à creuser, nos fleuves à endiguer, nos ports à désensabler et à agrandir, notre marine marchande et militaire à développer, et à compléter nos lignes de chemins de fer. Nous mettrons tous nos soins, disait-il encore, à éteindre toutes les divisions qui nous affaiblissent et nous déconsidèrent aux yeux des puissances étrangères, à ramener et à faire rentrer dans le fleuve populaire tout ce qui peut contribuer à la grandeur, à la puissance et à la prospérité de notre pays. Malheureusement ce programme fut en grande partie abandonné, et cette paix dont le peuple était si avide, et qui aurait décuplé nos forces, relevé notre prestige et considérablement agrandi notre légitime influence dans le monde, fit place à des guerres désastreuses et impolitiques, qui nous ont rejeté, au cinquième rang des puissances européennes. Je veux cependant excepter la guerre de Crimée, qui a exigé toutefois de grands sacrifices en hommes, et en argent.

Par cette guerre la coalition fut rompue et la France rentra dans le concert européen. Mais il ne faut pas l'oublier, les résultats matériels ne furent pas grands et la coopération du Piémont nous a coûté bien cher.

C'est à cette époque que des esprits sages et clairvoyants font remonter les premiers germes de cette politique révolutionnaire qui devait emporter l'empire et préparer la ruine de notre prépondérance dans les affaires de l'Europe. La guerre d'Italie, qui suivit de bien près, nous révéla toute la situation de notre malheureux pays. La grande politique d'Henri IV, de Richelieu et de Mazarin était définitivement abandonnée, et tout le monde prévit que le Saint Père ne tarderait pas à être dépouillé de son pouvoir temporel, et serait même menacé dans l'exercice de ses hautes fonctions spirituelles. Avec le concours et la complicité du gouvernement impérial, les princes italiens furent dépossédés, et Garibaldi put continuer le cours de ses faciles et funestes triomphes. La papauté se relèvera un jour de cet abaissement momentané, et trouvera dans le réveil des consciences, indignées de ces odieux et criminels attentats, un nouveau principe de force et de stabilité.

Le marquis de Grivaudet, qui avait eu ses entrées à la cour des Tuileries, et avait fait partie des invités de Compiègne, regardait fixement, et tout étonné, la grave figure du digne et savant ecclésiastique. Comme pour donner le change au trouble qui agitait son esprit, il égrenait une magnifique grappe de raisins, et offrait à Siraudet un verre de ce vin blanc que l'on ne récolte que sur les collines et sous le beau ciel du pays des Cadourques.

Cependant ce marquis, dont l'esprit était si fin et si délié, voulut hasarder quelques mots. Siraudet, qui touchait légèrement le pied du sieur de Boutillot, regardait avec des yeux pétillants de malignité son cher ami Grivaudet.

Le Frère des Ecoles chrétiennes écoutait en silence les paroles de leur ancien aumônier. Monsieur l'abbé, dit enfin le marquis, vos paroles sont pleines de justesse et de vérité, et, que Dieu me pardonne, il y a véritablement plaisir à vous entendre ; et puisque mon bon ami Siraudet, qui est plus malin qu'on ne pense, tient à me garder encore quelques jours dans sa belle et magnifique villa, j'en profiterai pour vous faire part de mes pensées et de mes impressions. Je me trouvais un jour au château de Pierrefonds, où l'on venait de servir un magnifique dîner. J'étais assis à côté d'un grand personnage politique, qui me parut initié à tous les secrets de la diplomatie française. J'eus avec cet illustre convive un entretien dont je conserverai un long souvenir. Il déplorait, comme vous, cette guerre d'Italie qui fut, avant tout, une guerre révolutionnaire et anti-religieuse. J'ai assisté, dit-il, à la grande bataille de Solferino, et lorsque, après un combat horrible, je vis les masses de l'armée autrichienne s'éloigner de ces hauteurs, et se diriger vers la ville de Mantoue, je m'écriai avec tristesse: La France va bientôt descendre du haut rang qu'elle occupait depuis tant de siècles. Voyez-vous, ajouta-t-il en me présentant un verre de l'excellent vin d'Alicante, je me trouvais un jour dans un salon de l'hôtel de la rue Saint-Florentin, où le célèbre Talleyrand avait fixé sa résidence. Il m'avait prié de m'asseoir sur un fauteuil, en attendant qu'il pût s'entretenir avec moi. « Louis-Philippe, me dit le prince de Bénévent, a refusé sagement de prendre part au règlement des affaires italiennes. Si jamais la France descendait dans les plaines de la Lombardie, pour créér un royaume subalpin, et reconstituer l'unité et la réunion de tous les peuples italiens sous le sceptre d'un prince de la maison de Savoie, la France serait menacée des plus grands malheurs. Le nouveau royaume d'Italie ne tarderait pas à s'unir à la Prusse contre la maison d'Autriche, et si cette dernière puissance venait à succomber dans ce duel terrible, nous aurions bientôt sur les bords du Rhin un empire formidable, toujours prêt à nous dévorer. » Je crains bien, me dit tout bas cet important personnage, que cette prophétie de l'ancien ministre des affaires étrangères du premier Empire ne vienne bientôt à s'accomplir.

On apporta en ce moment une énorme dinde truffée ; la musique de la garde impériale, qui se trouvait sous les beaux ombrages du château, fit alors entendre de délicieuses et émouvantes symphonies, et nous mîmes fin à cette intéressante conversation pour écouter ces beaux chants.

Ce que redoutait, reprit l'abbé, un des plus grands ministres que nous ait légués l'ancien régime, est maintenant un fait accompli. Depuis les batailles de Solferino et de Sadowa, la Confédération des Etats germaniques a été complètement absorbée par le royaume de Prusse, et de tous ces peuples rattachés, de gré ou de force, à la puissante maison des Hohenzollern, est sorti un empire immense, qui compte près de cinquante millions d'habitants, et nous savons maintenant les dangers qu'il peut faire courir au royaume de saint Louis et de Louis XIV. Le

Saint Père, relégué au fond de son palais du Vatican, se demande si le moment n'est pas venu de quitter cette terre ingrate et presque infidèle, et d'aller abriter ailleurs la dignité de sa personne sacrée et le libre exercice de sa suprême autorité. Naguère une vile populace insultait les restes vénérés d'un grand pontife, dont on emportait la pieuse et sainte dépouille de la basilique de Saint-Pierre à Saint-Paul hors des murs. Ce n'est pas du milieu de nous, qui répudions de plus en plus les grandes traditions de Pépin et de Charlemagne, que pouvait s'élever un cri de juste colère et de vive indignation contre de si affreux attentats. Vous me demanderez, peut-être, s'il est permis de nourrir encore l'espoir de rendre à notre pays sa légitime influence, et de le relever dans l'estime et la considération des gouvernements européens. Je vous disais tout à l'heure que l'inscription gravée sur une tombe du Santo Campo : « Ne pleurez pas le mort, » pouvait convenir au jeune tribun qui vient de disparaître d'une manière si subite et si imprévue. S'il avait ressaisi le pouvoir, il aurait compris bien vite qu'il est plus facile de passionner les masses et de se créer une immense popularité, que de devenir un homme d'ordre et de gouvernement. Dans une réunion de ses électeurs à Belleville, le futur orateur de Romans avait dit : « Le contrat qui nous lie tient toujours, » et sans doute, en quittant l'Aventin parisien, le jeune député devait se demander s'il lui était réellement possible de constituer un état de choses durable avec un contrat dont la fidèle et entière exécution livrerait le pays à une affreuse confusion et le conduirait au bord des précipices. Un digne et savant archevêque, qui venait de commenter en des termes éloquemment émus le désastre des légions de Varus, dont Tacite nous a laissé une si saisissante peinture, nous disait : « Il ne reste plus rien debout sur cette noble terre de France. » Mais qu'aurait-il dit s'il avait vu le commencement d'exécution qu'a reçu le fameux contrat de Belleville !

Mais que pensez-vous, interrompit le marquis de Grivaudet, de cette pompe et de cette solennité dont le pouvoir a cru devoir entourer les obsèques purement civiles de l'ancien dictateur de la Défense nationale ?

L'abbé garda un moment le silence, puis, jetant sur Siraudet un de ces regards qui pénètrent jusqu'au fond des âmes :

Tenez, s'écria-t-il, ces funérailles célébrées avec un si grand appareil aux frais de l'Etat, au milieu d'un concours si considérable, m'ont causé la plus vive et la plus profonde tristesse. Je ne craindrais pas même de dire qu'elles n'étaient pas dignes de l'homme qu'on voulait honorer, qu'elles étaient comme une odieuse consécration des doctrines d'un abject matérialisme, et comme une insulte jetée à la face de tous ceux qui ont conservé, avec le noble souci de la grandeur et de la dignité de l'âme humaine, les douces et consolantes espérances de l'immortalité future. Oh ! ne plaignez pas le mort, car l'avenir lui réservait de grandes et d'ineffables angoisses, et peut-être... L'abbé s'arrêta comme dominé par de tristes et amers pressentiments.

Tenez, ajouta-t-il enfin, nous sommes ici réunis autour de la table hospitalière d'un ami qui nous est bien cher, et je ne veux rien dire qui puisse attrister un cœur si noble et si généreux. Il a connu les parents de l'homme qui vient de finir, et s'il allait un jour visiter la pierre qui va recouvrir les restes mortels du tribun de Cahors, il y graverait ces mêmes paroles : « Ne pleurez pas le mort. »

Hier je parcourais quelques pages des *Etudes historiques* de Chateaubriand, et j'en étais arrivé à cet endroit de ce beau livre où l'éminent écrivain parle de la mort du roi Clovis, le fondateur de cette vieille monarchie française, qui nous a abrités et protégés pendant près de quatorze siècles. Le corps de ce vaillant chef des Francs fut inhumé dans une chapelle, et déposé sous le marche-pied de l'autel, où un prêtre devait, au terme d'une fondation de ce prince, célébrer la sainte messe, pour le repos de sa grande âme, et ce ne fut qu'à la Révolution de 1793 que le service divin fut interrompu, et que le prêtre ne vint plus élever le calice de clémence et de propitiation auprès de la tombe de l'époux de Clotilde.

Qui s'était souvenu à travers les siècles et les révolutions, ajoute l'auteur des *Martyrs*, de ce grand monarque, qui, après avoir reçu les secours de notre sainte religion, avait voulu reposer auprès de l'autel de l'adorable Victime du salut, et était descendu dans le lieu de son repos en présence des princes de l'Eglise, des grands du royaume et de ce peuple qu'il avait amené et fait entrer dans le bercail de l'Eglise chrétienne ? On ne se souvenait plus du vainqueur de Tolbiac, mais, au milieu de cet oubli et de cet abandon général, un ministre de la religion venait tous les jours appuyer ses mains sur l'autel du Dieu vivant, et prier pour ce vaillant capitaine, qui avait remis au pontife de Reims les vases du temple, et brûlé à ses pieds les idoles qu'il avait jusqu'alors adorées.

Chateaubriand lui-même, qui contribua si puissamment au réveil de la foi, et dédia au premier consul son *Génie du Christianisme*, voulut que son tombeau fût creusé au bord de l'Océan, dont les flots, agités et soulevés par la tempête, devaient rappeler les agitations de sa vie. L'homme providentiel qui avait rouvert nos temples, relevé les autels et courbé sous son épée victorieuse tant de peuples divers et de puissants monarques, devait lui aussi s'endormir du dernier sommeil dans une île déserte, et reposer dans la mort près de la vaste mer, à cinq cents lieues des rivages de l'Afrique. Ce coin de terre perdu au milieu de l'immensité de l'Océan, convenait admirablement à l'homme extraordinaire qui s'était cru, un moment, le maître et le dominateur du monde. Loin de moi la pensée de vouloir comparer les petites choses aux grandes, et d'essayer de grandir outre mesure le défenseur de Baulin ; mais il sera permis à un enfant de Cahors de regretter que la religion ait été absente de ce deuil officiel et de ces pompes funéraires, et que les ministres de Dieu n'aient pu approcher de cette couche funèbre sur laquelle n'auraient pas manqué de descendre des paroles de paix, de clémence et de bénédiction.

Cet homme qui a porté le sceptre de l'éloquence populaire, avait reçu dans un diocèse où la foi est encore si vive et si profonde, une éducation chrétienne, et si les vœux et les espérances de ses parents et de ses amis s'étaient accomplis et réalisés, il aurait peut-être fait revivre les grandes voix des Bridaine, des Ravignan et des Lacordaire, et consolé les chaires de nos grandes églises de la longue disparition des princes et des maîtres de la parole évangélique. Il repose maintenant sur le bord d'une autre mer, où le bruit des vagues qui meurt au pied du rivage, semblera lui reprocher d'avoir amoindri les forces les plus vives et les plus fermes appuis d'une société autrefois si tranquille et si prospère..

Je me trouvais à Lyon, et je traversais une grande rue de cette populeuse cité, lorsque je vis passer le convoi funèbre et purement civil du commandant Arnaud. Une grande foule escortait le cercueil de l'homme qui avait voulu faire dresser l'inventaire des riches offrandes que la piété et la reconnaissance des fidèles ont accumulées, depuis longtemps, dans le sanctuaire de Notre-Dame de Fourvière. Cette mort qu'Arnaud avait reçue de la main de ceux qui partageaient ses principes et ses idées politiques, était-elle un juste châtiment du ciel, et comme un premier avertissement de ce Dieu de justice qui, dans les secrets desseins de sa bonté et de sa sagesse, garde en réserve des trésors de colère et de juste vengeance, pour punir les forfaits et les crimes de la terre? Le dictateur de Tours était auprès du cercueil de cet homme, qu'on se hâtait d'emporter à sa dernière demeure, et semblait comme étonné de se trouver parmi cette nuée de libres-penseurs et d'incrédules. Peut-être, en ce moment, des pensées de foi et d'espérance chrétienne montaient jusqu'à son âme et éveillaient dans son esprit de lointains mais bien doux souvenirs, et se représentait-il cette maison religieuse où il avait abaissé son jeune front devant l'image de l'aimable Sauveur et de son auguste Mère, et respiré comme le parfum sacré des plus belles et des plus saintes vertus.

Personne n'a pu encore pénétrer au fond de cette âme, qui rêvait déjà l'omnipotence et la splendeur du pouvoir suprême, et méditait sur les moyens d'enchaîner le tigre populaire, qu'il entendait rugir autour de lui. Le jour où Mirabeau était porté en triomphe, à travers les rues de la capitale, par des flots d'un peuple ivre de joie et affamé de nouveautés, le grand tribun ne put s'empêcher de s'écrier : Je sais maintenant comment il faut s'y prendre pour asservir un peuple.

Je ne veux pas, continua l'abbé, devancer les justes sévérités de l'histoire, et j'espère que vous me saurez gré de ma réserve et de ma modération.

Les convives se levèrent de table et se rendirent dans un grand salon, où l'on venait de servir le café et de déposer sur une grande table de marbre les liqueurs les plus rares et les plus exquises. Tout à coup l'on aperçut sur le seuil de la grande porte, qui donnait sur le jardin, un grand et beau vieillard. C'était le comte de Sainte-Eulalie. Siraudet s'empressa d'aller à sa rencontre, de le faire asseoir à ses côtés, et de lui offrir une tasse de café.

Le sieur de Boutillot ne pouvait se rassasier de considérer ce vieillard, qui venait de prendre place auprès du marquis de Grivaudet. Ce front large et profond, cette blanche chevelure qui tombait en flots abondants sur ses larges épaules, ses yeux vifs et étincelants d'esprit et de vivacité, son air grave et modeste tout à la fois, et sa démarche noble et majestueuse annonçaient une de ces riches et fortes natures qui se rencontrent si rarement parmi un peuple qui descend et s'achemine vers sa ruine.

Le comte de Sainte-Eulalie était un savant et profond jurisconsulte qui avait plaidé avec le plus grand succès les causes les plus importantes, et s'était acquis au palais un grand renom d'éloquence et de vertu. Siraudet, tout heureux de recevoir sous son toit un si digne et si éminent personnage, versait à longs flots les plus douces liqueurs dans les coupes de ses hôtes bien-aimés. Vous connaissez sans doute, dit le vieillard, la fin si prompte et si rapide de cet enfant de Cahors, qui était né et avait grandi parmi nous. Emporté dans un moment où tous les partis qui divisent notre malheureux pays avaient les yeux fixés sur lui, l'ancien ministre de la Défense nationale n'a pu donner toute la mesure de son talent et développer les précieuses ressources de son esprit. Je suis loin d'être un admirateur de ce jeune tribun, mais je crois qu'un grand changement s'était opéré dans ses idées et dans ses projets, et qu'à l'exemple de plusieurs hommes d'Etat, il avait déjà résolu d'imprimer à la politique de son pays une nouvelle et forte direction. Il était tombé du pouvoir pour n'avoir pu faire triompher le scrutin de liste, qui devait amener aux affaires une Chambre moins divisée et plus capable de l'aider à réaliser les desseins qu'il méditait, et à accomplir de grandes et utiles réformes. Malheureusement une longue expérience des hommes de son temps et de fortes et solides études lui faisaient complètement défaut. Il faut se tenir en garde contre de trompeuses apparences, et ne pas se laisser éblouir par l'éclat d'une popularité si rapidement acquise.

Le gouvernement d'un grand pays comme la France suppose et exige les connaissances les plus vastes et les plus étendues. Mazarin disait souvent à ses amis : « que les Français sont difficiles à gouverner. » Cet homme d'Etat, qui avait hérité du génie de Richelieu, et possédait au suprême degré une souplesse d'esprit des plus admirables, réalisa de grands projets et acheva de préparer le siècle de Louis le Grand. Léon Gambetta avait essayé d'endormir le tigre populaire, en lui découvrant de brillantes perspectives de paix et de prospérité, et avant de remonter au faîte du pouvoir, il espérait assoupir le redoutable Cerbère avec le gâteau de miel dont nous parlait un jour M. Thiers.

Il est mort en tenant dans ses mains ce gâteau mystérieux, et peut-être, avant de s'endormir pour ne plus se réveiller, a t-il entendu dans le lointain d'affreux rugissements. L'abbé qui me fait l'honneur de m'écouter, vous a sans doute entretenus de ce fameux contrat de Belleville, qui fut signé dans un jour d'espérance et d'inexprimable allégresse. Je ne suis pas un nouveau venu parmi vous, Messieurs, et vous savez tous avec quel empressement j'ai mis ma faible parole au service des grandes causes que menacent aujourd'hui les fauteurs de désordre et d'anarchie.

Je ne dirai qu'un mot sur cette rage d'impiété, comme disait Tacite, en parlant de l'ambition des hommes qui troublent le repos des empires, « *rabies dominationis*. » Je ne dirai, dis-je, qu'un mot de ce mal affreux qui déborde sur nous, comme les eaux d'un égout fétide, et ce mot je l'emprunterai au livre d'or qu'on appelle l'Evangile: « L'homme ne se nourrit pas seulement de pain, mais de toute parole qui sort de la bouche de Dieu. » Ce peuple auquel l'on a promis des jouissances sans fin, et qui cherche, de son regard livide, les rivages fortunés que Fénelon dépeignait, en termes si magnifiques, à son royal élève, se meurt et languit, faute de cette nourriture dont parlait le divin Maître quand il laissait tomber de ses lèvres divines ces grandes paroles: Ma nourriture c'est de faire la volonté de mon Père qui est dans les cieux. Il ne faut pas l'oublier, les peuples ne grandissent et ne prospèrent que par l'esprit de foi, de sacrifice et d'obéissance à la volonté de notre Père céleste. Le jour où l'idée de Dieu et les enseignements de l'Evangile s'effacent du cœur et de l'esprit des peuples, c'en est fait de cette soumission aux lois et aux puissances supérieures, et l'on entrevoit déjà les profondeurs du gouffre où tout doit bientôt descendre et s'engloutir pour toujours. Non, aucun homme d'Etat digne de ce nom, n'a pu se bercer de l'espoir de gouverner un peuple en brisant les autels au pied desquels de nombreuses générations s'étaient courbées, dans un sentiment de recueillement, de prière et d'adoration, et avaient si souvent retrouvé de douces et fortifiantes consolations au milieu des plus dures épreuves et des plus tristes infortunes. A peine installé au palais des Tuileries, le premier Consul, que la fortune des armes avait porté sur les marches du trône, disait à Bourrières, son secrétaire : « Nous voici dans le palais des rois de France, il faut tâcher d'y rester. » Il avait déjà conçu la pensée de relever les autels du vieux culte catholique. Heureux si, après avoir accompli cet acte de justice et de réparation, il avait conservé pour le Père commun des fidèles ce respect et cette filiale soumission qui furent une des grandes causes de la grandeur et de la puissance de Pépin et de Charlemagne. Cet homme qui, au retour de l'Egypte, était venu s'agenouiller à Valence auprès du lit de douleurs de Pie VI et avait recueilli sur les lèvres d'un pontife mourant des paroles de paix et de bénédictions, avait en ce moment confessé cette vérité que la religion est le fondement le plus solide des trônes et des empires ; et lorsque, sur les marches de l'autel de Notre-Dame, le successeur de Pie VI allait déposer sur la tête du nouveau César la couronne impériale, le nouvel empereur d'Occident se leva tout à coup, saisit cet emblème d'honneur et de puissance, et le mit lui-même autour de son front, comme s'il avait voulu protester contre ces belles paroles de l'Apôtre : « *Non est potestas nisi a Deo.* » Il n'y a pas de pouvoir qui ne vienne de Dieu. Pie VII le considéra avec un saint étonnement et termina cette auguste et imposante cérémonie du sacre. Le chef de l'Eglise rentra bientôt dans la Ville éternelle et lorsqu'après une pénible et douloureuse captivité, cet auguste vieillard, courbé sous le poids des plus dures épreuves s'acheminait de nouveau vers son palais, d'où le César révolutionnaire l'avait fait violemment arracher, un vaisseau emportait à travers l'Océan l'illustre vaincu de Waterloo et le déposait tristement dans une île déserte.

Ces quelques paroles impressionnèrent vivement les convives et répandirent dans leurs âmes de vifs sentiments de tristesse. Bientôt le sieur de Boutillot, le frère des écoles chrétiennes et le marquis de Grivaudet prirent congé de leur hôte et s'acheminèrent vers Cahors. L'abbé et le comte de Sainte-Eulalie restèrent seuls à la villa, qu'ils devaient bientôt quitter.

On était au cœur de l'hiver, et cependant la journée avait été belle et comme réchauffée par les rayons d'un soleil de printemps. Encore quelque temps, dit le vieux prêtre à Siraudet, qui soulevait et appuyait sur le foyer une énorme bûche de chêne, et vous entendrez le chant du rossignol et de la fauvette, vous respirerez, près de ces haies d'aubépines, les doux parfums de l'humble violette, vous verrez les amandiers se couvrir de fleurs et vous pourrez, à l'ombre de ces immenses tilleuls, goûter la fraîcheur de l'ombre et reposer vos yeux sur

cette riche plaine du Pal qui se revêt des plus belles et des plus brillantes couleurs. Mon ami, dit Siraudet, l'hiver n'est pas pour moi sans charmes ni douceurs, et quand la neige couvre nos collines et blanchit le toit de nos demeures, assis avec quelques amis autour de mon foyer, je me ris des vents et des tempêtes et je verse dans de larges verres de cristal un vin qui date du premier Consul.
— Heureux vieillard, dit l'abbé en souriant, puissiez-vous demeurez longtemps au bord de ce fleuve et de ces fontaines sacrées, et renouveler comme l'aigle votre jeunesse. Un léger sourire effleura les lèvres du savant agronome, ses yeux brillèrent comme deux escarboucles et, prenant la main du comte et de l'abbé, il cita ces beaux vers de Virgile :

> Tempus erat quo prima quies mortalibus ægris
> Incipit, et dono divûm gratissima serpit.

Dès que l'abbé fut dans la chambre qu'on lui avait préparée, il s'assit dans l'embrasure de la fenêtre d'où l'on découvrait le village de la Béraudie et les premières maisons de la paroisse de Pradines. Ces lieux lui rappelaient les plus beaux souvenirs de sa jeunesse, et il aimait à repasser dans son esprit ces jours heureux et tranquilles, dont rien ne venait troubler le calme et la douce sérénité. Pendant que son esprit se reportait vers les années écoulées et faisait revivre tant de douces choses depuis longtemps disparues, il entendit les sons de la cloche du grand séminaire, qui l'avaient si souvent appelé aux saints exercices du recueillement et de la prière.

Le lendemain, après avoir passé une partie de la matinée avec ses bons amis Siraudet et le comte de Sainte-Eulalie, il alla visiter un de ses anciens élèves qui avait fait construire depuis peu de temps sur les bords du Lot une belle et magnifique habitation.

La vieille cité des Cadourques conserve encore des restes précieux des antiquités romaines. A quelques cents mètres de l'ancien couvent des chanoines réguliers et du monastère des Augustins, on a découvert les mosaïques du temple de Diane. Il ne reste de ce grand et magnifique édifice que quelques pans de murailles que le temps démolit en silence. Le grand séminaire, qu'un des évêques des plus pieux et des plus zélés qui aient administré le diocèse de Cahors, avait fondé, a été converti en caserne, et rien ne rappelle plus le grand évêque qui fut l'ami de saint Vincent de Paul. A quelques pas de là on aperçoit la tour et les restes du palais de Jean XXII.

Après avoir traversé le faubourg de la Barre, l'abbé arriva au pied de la colline au sommet de laquelle habitait son ancien élève. Les ruines de l'aqueduc de Sainte-Eulalie, qui amenait les eaux de la fontaine de ce nom dans l'antique Divona, attirèrent son attention. Il gravit lentement le sentier qui serpentait à travers les pentes de la colline, et lorsqu'il eut atteint le sommet, il s'assit sur un bloc de pierre et jeta un regard attentif sur la vieille cité. Sur la rive du Lot il apercevait le château de Bellecour et la grotte où un évêque de Cahors était venu s'enfermer pour y terminer en paix une vie pleine de vertus et de mérites. Cet évêque s'appellait Ambroise, et après avoir évangélisé les peuples de cette belle province et répandu dans les cœurs et dans les âmes la précieuse semence de la parole de vie, il était venu s'ensevelir dans cette humble retraite, et méditer, avant de s'endormir dans la paix du Seigneur, sur les jours anciens et les années éternelles.

La nouvelle de son départ émut le peuple fidèle, qui se rassembla autour du lieu saint, et demanda à grands cris, qu'on lui rendît son évêque et son pasteur. Le clergé, suivi d'une foule immense, sortit de la cathédrale et se rendit vers la grotte où s'était retiré le pieux et saint évêque, et le ramena dans son palais. L'abbé avait visité souvent dans son enfance cette grotte, et aimait à se promener sur la belle et magnifique terrasse du château de Bellecour, près duquel se trouvait le petit domaine où sa bonne et sainte mère avait vu le jour. Ces pensées et ces souvenirs répandaient sur son âme comme un délicieux parfum de foi et d'espérance chrétienne. Il aurait encore reposé quelque temps son esprit sur ces choses si saintes et si chères à son noble cœur, lorsque son élève se présenta tout à coup devant lui et lui serra affectueusement la main, en lui disant : « Comment ! vous ici? Je vous croyais encore sur les bords de l'Indre, près de cette belle résidence d'Azay-le-Rideau, où vous passez sous de magnifiques ombrages une partie de vos journées ; mais puisqu'il m'est donné de vous recevoir dans mon humble campagne, soyez le bienvenu, et que Dieu soit béni et glorifié. L'abbé se leva, prit par le bras son élève et se dirigea vers cette belle habitation.

Cette maison de campagne, assise au milieu des arbres, est entourée d'un beau verger, où une main savante a planté et taillé avec art ces arbres qui, sous ce beau ciel, se couvrent de fruits délicieux, et fournissent à son heureux propriétaire une douce et abondante nourriture. Plus loin l'on aperçoit un bois de grands chênes, auprès duquel commence un riche et magnifique vignoble, qui couvre les pentes de la colline. Devant cette demeure rustique s'élève une terrasse d'où l'on aperçoit le cours sinueux de la rivière, les nombreuses collines qui dominent l'ancienne ville des Cadourques, les faubourgs de Cabessus et de Saint-Georges, et le lieu où Jules César campa avec ses légions avant de commencer le siége de Divona. Dès que l'abbé et son cher élève se furent assis dans un petit salon, la conversation prit un tour des plus vifs et des plus aimables, et roula sur ces belles années de l'enfance et de la jeunesse qui s'écoulent si vite, mais dont on aime à conserver le souvenir.

Plusieurs heures se passèrent dans ces doux entretiens et ces épanchements d'une amitié qui avait survécu au temps et à toutes les misères qui viennent si souvent troubler la paix et le contentement de l'âme. Vous me ferez le plaisir et l'honneur, dit l'élève, d'accepter mon modeste dîner, et de me fournir ainsi une heureuse occasion de faire appel à vos lumières et à votre longue expérience dans des circonstances où les événements se succèdent si rapidement et font naître dans nos esprits et dans nos cœurs de tristes et douloureuses appréhensions. Le sieur Angélis, que vous avez connu sur les bancs du collége, et qui me parle toujours de vous avec le sentiment d'une vive et affectueuse reconnaissance, ne tardera pas à arriver. Il sait qu'ici l'on dîne à midi et que je n'aime pas qu'on me fasse attendre, et comme c'est un homme bien élevé, il ne voudra pas me causer ce déplaisir.

La porte du salon s'ouvrit en ce moment et le sieur Angélis vint serrer la main au jeune et brillant avocat. Il eut de la peine à reconnaître l'abbé, qui s'était levé pour lui présenter ses hommages. Comment! dit l'ecclésiastique tout étonné, vous hésitez à me tendre la main et à me donner ce baiser de paix que l'on ne refuse jamais à un ancien condisciple, quand on a le bonheur de le rencontrer sur son chemin?

Voilà, dit Angélis, plus de trente ans que je n'ai pas revu la plupart de mes amis d'enfance, mais soyez bien persuadé que j'éprouve toujours une joie vive et douce à me retrouver auprès d'eux et à leur offrir les vœux que je ne cesse de former pour la paix et le bonheur de leur vie. L'abbé sourit et le pria de s'asseoir à ses côtés. J'ai tant de choses à vous dire, ajouta-t-il, et j'ai si peu de temps à rester au milieu de vous!

Un serviteur vint alors annoncer que le dîner était servi et que toute la famille était réunie dans la salle à manger.

La maîtresse de la maison et ses trois enfants firent au nouveau venu l'accueil le plus aimable et le plus empressé. Ce repas d'amis avait été préparé avec un luxe et une magnificence que l'on ne retrouve guère dans les campagnes du Quercy. Le maître de ce beau domaine avait voulu sans doute traiter avec le plus grand honneur le professeur distingué, qui avait élevé sa jeunesse et avait cultivé avec tant de soin les belles et précieuses qualités de son esprit et de son cœur. Il n'ignorait pas, sans doute, que ce prêtre qui venait de se placer à ses côtés était un des plus sublimes théologiens et un des orateurs les plus distingués de son temps.

Vers la fin du diner, Angélis, qui était un des plus chauds admirateurs du tribun de Cahors, demanda à l'abbé ce qu'il pensait de la réforme judiciaire, de la réorganisation de l'armée et de la loi sur les associations.

Mon ami, dit le digne ecclésiastique, ce sont là de grandes questions qui s'imposent à l'étude et aux graves préoccupations de tous les esprits sérieux, qui ont conservé au fond de leur âme le sentiment de la dignité et de la grandeur de leur pays. La révolution qui a commencé en 1789 et qui n'est pas encore terminée, a détruit de grands abus et réalisé d'utiles et importantes réformes ; mais il ne faut pas l'oublier, ce souffle parfois si violent de rénovation sociale a emporté de précieuses institutions, qui avaient fait la grandeur et la prospérité de la France, et a porté une atteinte grave et profonde au principe d'autorité et à la légitime et heureuse influence des idées et des croyances religieuses. Au lieu d'émonder l'arbre qui avait abrité tant de générations et de lui communiquer de nouveaux principes de force et de vitalité, on a coupé ses plus vigoureuses racines, et cet arbre, qui avait résisté aux plus terribles et aux plus affreuses tempêtes, nous apparaît maintenant comme voué à une ruine prochaine et inévitable. Je vais maintenant vous dire toute ma pensée sur la réforme de la magistrature, et si le temps me le permet, je vous ferai connaître mon sentiment sur la réorganisation de l'armée de terre et de mer, sur le droit d'association, sur les rapports de l'Eglise et de l'Etat, et sur la vente des biens des églises et des communautés religieuses. Il y a au fond de toutes ces questions un principe de ruine ou de résurrection. Et selon que le règlement et la solution de ces redoutables problèmes sera ou ne sera pas conforme aux principes de la raison et d'une juste et sage politique, il faudra choisir l'une de ces alternatives que les saintes Ecritures semblent avoir indiquées d'une manière si précise et si claire par ces belles paroles : *Hic positus est in ruinam et in resurrectionem multorum in Israel.* Celui-là a été établi pour la ruine et la résurrection de plusieurs en Israël.

Un principe et une haute et puissante considération dominent toute tentative de réforme judiciaire : il faut que l'homme qui occupe un siége de judicature et a reçu la mission de rendre la justice au peuple, jouisse d'une complète liberté, et qu'aucune puissance terrestre ne puisse peser sur sa conscience et troubler son jugement, à moins qu'on ne veuille nous ramener à ces temps déplorables où la justice n'était qu'un instrument de règne et de domination et une arme terrible entre les mains des partis prêts à se déchirer et à se disputer le règne d'un moment. Le chancelier Séguier faisait cette fière et noble réponse à ceux qui essayaient de porter atteinte à la dignité et à l'inviolable liberté de la magistrature : La Cour rend des arrêts et non pas des services. Il ne faut pas l'oublier, le pouvoir souverain a bien des fois, dans le cours des siècles, influencé les décisions de la justice.

Cicéron, le plus grand orateur et le plus savant jurisconsulte de son temps, n'osa pas prononcer le discours qu'il avait préparé pour la défense de Milon, lorsqu'il vit que Pompée, l'ennemi de son client, avait fait entourer d'un fort détachement de soldats les juges qui devaient statuer sur le meurtre de Clodius. L'empereur Caligula, qui venait de tremper ses mains dans le sang de son frère Géta, voulait forcer le jurisconsulte Papinien à légitimer ce crime épouvantable. Pour l'honneur de l'humanité et de la justice, Papinien s'y refusa et paya de sa tête cette belle et courageuse résistance.

Il faut donc placer le juge dans une atmosphère calme et sereine, où ses yeux ne puissent être éblouis par l'éclat de riches présents, et où ses oreilles ne puissent entendre les menaces de ceux qui dispensent les faveurs de la fortune et préparent de brillantes et subites élévations. Je visitais un jour l'église de Notre-Dame du Puy de Figeac, que nos pères appelaient Notre-Dame la Fleurie. Après avoir admiré la large et vaste nef de ce temple, et jeté un coup d'œil sur la tribune des Pénitents, je m'approchai de l'autel, que surmonte un grand et magnifique retable. Sur ce chef-d'œuvre de sculpture sont représentées les quatre vertus cardinales, la Force, la Prudence, la Justice et la Tempérance. La Justice attira surtout mes regards. Un bandeau couvre ses yeux, elle tient dans sa main une épée nue. C'est bien là, me disais-je, l'image de cette justice, qui dédaigne les présents des hommes, et ne se laisse jamais séduire et corrompre par les riches et les puissants de la terre. Et je me rappelais ces paroles que Moïse adressa au peuple d'Israël, lorsqu'il institua les soixante-dix juges, qui devaient exercer un si saint et si redoutable ministère. Vous n'aurez égard, disait-il, ni à la grandeur ni à la puissance des hommes, et vous serez l'appui du faible, le défenseur des pauvres et le soutien des malheureux.

Mais qui nommera et désignera les hommes sages et éclairés, et profondément versés dans la connaissance des lois, appelés à l'honneur de rendre la justice? Je répondrai à cette question en vous citant de mémoire un passage de la Cyropédie de Xénophon. « Quand il s'agit, nous dit ce grand historien et ce profond philosophe, de nommer des juges, les Perses choisissent des hommes solidement instruits, d'un âge déjà avancé, d'une vie pure et sans reproche, et en possession, auprès de leurs concitoyens, d'une estime et d'une confiance justement acquises et méritées. Des hommes pleins de science et de vertu sont seuls dignes et capables de remplir de si hautes et si sublimes fonctions. Mais à qui confier le soin de désigner et de choisir les hommes que leurs lumières et leur haute expérience rendent dignes de remplir une si belle et si importante mission? Dans les temps où une royauté forte et puissante présidait aux destinées des peuples, l'on disait : « Toute justice émane du roi. » Cette doctrine avait sans doute son fondement dans ces paroles des saintes Ecritures : « C'est par moi que règnent les rois, et que les législateurs rendent de justes arrêts. Honorez le roi, car ce n'est pas en vain qu'il porte le glaive ; il a pour mission de faire trembler les méchants et de rassurer les bons. » Mais, alors, les institutions politiques reposaient sur des croyances religieuses, profondément enracinées dans les idées et dans les mœurs d'un passé déjà si éloigné de nous. Dans les temps difficiles et troublés qui ont succédé à des époques si tranquilles, et aux âges de foi et d'espérance chrétienne, il me semble qu'il ne doit pas en être ainsi, et que dans une société si divisée, et qui renferme tant d'éléments de haine et de discorde, le chef de l'Etat et ses ministres ne doivent posséder qu'un droit d'exclusion et d'investiture. Une commission composée d'hommes éminents, pris dans les cours et les tribunaux et dans les grandes administrations du pays, et à laquelle on pourrait adjoindre de grands industriels, de riches propriétaires, des armateurs et d'anciens négociants, se réunirait deux fois tous les ans et présenterait à l'agrément du chef de l'Etat les nouveaux élus. Le refus d'agrément devrait être sérieusement motivé, et alors la grande commission judiciaire pourrait maintenir ses choix, si les motifs des refus ne lui paraissaient pas suffisamment fondés, ou bien elle porterait ses vues sur d'autres candidats. Je ne suis pas partisan, ajouta l'abbé, de la suppression des tribunaux de première instance, lors même qu'ils n'auraient qu'un petit nombre de causes à juger. Ces magistrats sont une précieuse ressource pour les villes où se trouve établi le tribunal, et leurs lumières et leurs sages conseils ne peuvent que contribuer puissamment à la paix et à la prospérité du pays. Je voudrais, en outre, que le nombre des juges des tribunaux de première instance fût porté à cinq. La justice et le règlement des affaires les plus importantes trouveraient dans cette innovation de précieuses garanties de sagesse et d'impartialité. L'on pourrait alors supprimer les justices de paix, et les remplacer par deux magistrats, qui consacreraient un jour de la semaine à trancher ces petits différends.

L'on éviterait même ainsi la présence importune de ces hommes de chicane et de mauvaise foi, qui viennent toutes les semaines dans le prétoire du juge de paix, pour les raisons et les motifs les plus futiles. Du reste, je n'ai jamais été partisan d'un juge unique, et je crois qu'une telle institution offre souvent les plus graves inconvénients ; j'en dirai autant des billets d'avertissement, qui donnent trop facilement aux mauvais plaideurs un moyen, facile et peu coûteux, de troubler la paix et la tranquillité de leurs voisins. Sous quelques gouvernements les attributions du juge de paix ont revêtu un caractère policier qui portait une certaine atteinte à cette justice du pays, que tous les bons citoyens doivent entourer du plus grand respect, car elle est le palladium de nos droits les plus sacrés.

Voilà, Messieurs, ce que je pense sur la réforme

judiciaire. Quant à la réorganisation militaire, je serai encore plus bref et plus sommaire. Je partage sur ce point les idées de feu M. Thiers, et comme cet homme d'Etat je regrette vivement que la loi de 1832 sur le recrutement de l'armée de terre et de mer, n'ait pas été maintenue, et ait été remplacée par un système qui ne peut nous donner qu'une immense garde nationale dans laquelle les soldats bien organisés et solidement instruits, seront noyés au milieu de troupes irrégulières, complètement dépourvues de cet esprit d'ordre et de discipline sans lequel il n'y a pas d'armée digne de ce nom. Montesquieu, dans son livre sur les causes de la grandeur et de la décadence des Romains, a dit : Aucun peuple ne peut sans s'épuiser lever et organiser plus de dix mille soldats par million d'hommes.

D'après cette judicieuse observation de l'auteur de l'*Esprit des Lois*, la France ne peut, sans compromettre l'équilibre de ses finances, créer et organiser une armée de plus de 300,000 hommes, sans y comprendre les corps de gendarmerie et de police urbaine qui devraient être augmentés dans de grandes proportions. Si l'on considère les dépenses si considérables qu'exigent une nombreuse cavalerie et tout le matériel de guerre, on reconnaîtra facilement qu'une somme de plus d'un milliard par an serait nécessaire pour pourvoir à ces besoins et à ces nécessités. L'armée ne serait ainsi composée que de sujets robustes, intelligents, rompus au métier des armes, et capables d'affronter sans crainte et de supporter les dangers et les fatigues de la guerre. Je **voudrais aussi que les jeunes gens ne puissent être** admis dans les écoles Polytechnique, de Saint-Cyr, et aux écoles navales, qu'après avoir passé au moins deux ans dans les camps et sur mer. Cet apprentissage militaire aurait de grands avantages, car l'on pourrait se convaincre et s'assurer si ces jeunes gens étaient propres au maniement des armes, avaient une véritable vocation militaire et étaient capables de braver les intempéries de l'air, et de s'habituer à ces rudes et pénibles privations inséparables d'une profession qui exige de si grandes qualités d'esprit et de corps. Je dirai quelques mots de cette Université de France que l'empereur Napoléon Ier fonda en 1808. Cet homme extraordinaire, qui avait à ce moment reculé si loin des frontières de l'Empire et exercé sa puissante domination sur une grande partie de l'Europe, voulut aussi dominer sur l'esprit et la conscience de ses peuples.

M. Thiers, dans son *Histoire du Consulat et de l'Empire*, nous découvre la pensée qui avait présidé à cette grande institution. L'Empereur, en mettant sous la main de l'Etat tout l'enseignement public, avait voulu réagir contre les idées et les croyances de l'ancien régime, et répandre dans les cœurs et les esprits des générations nouvelles les idées de la révolution. Et comme il était difficile d'atteindre ce but dans un temps si rapproché de l'ancienne monarchie, et que l'esprit de foi et le dévouement aux descendants de Louis XIV avaient encore dans le pays de fortes et nombreuses racines, le gouvernement impérial compléta son œuvre par la création des bourses qui devaient amener dans les Lycées, et autres établissements d'instruction secondaire, un grand nombre d'élèves. Dans un pays où le peuple aime a se décharger sur son gouvernement de ses devoirs et de ses obligations, ce moyen devait être d'une grande efficacité, et atteindre le but qu'on s'était proposé.

Je veux pour le moment, dit l'abbé, me borner à la question si importante et si capitale de la liberté de l'enseignement. J'ai assisté à la discussion de la loi de 1850. Avec M. Louis Veuillot que Villemain disait être le premier polémiste de l'Europe, je trouvais que cette loi offrait de grandes et bien regrettables lacunes. Tant que l'Université aurait le droit exclusif d'examiner non-seulement ses élèves, mais encore ceux des écoles libres, et de décerner tous les diplômes, la liberté d'enseignement ne devait et ne pouvait être qu'une concession presque illusoire et un droit bien insuffisant. Les Congrégations religieuses, et surtout celle qui était la plus capable d'affronter la concurrence, et de lutter avec quelques chances de succès, contre un corps enseignant qui puise à pleines mains dans les coffres de l'Etat, ne furent pas comprises et inscrites dans la nouvelle loi sur la liberté de l'enseignement public. Je ne dirai qu'un mot sur cette grave question, car j'ai déjà traité cet important sujet, avec tous les développements qu'il comporte, dans un ouvrage que j'aurai bientôt l'honneur de vous faire parvenir.

Ce mot le voici : Une loi de l'Assemblée constituante de 1871 avait créé des Commissions d'examen dans lesquelles l'enseignement libre était représenté dans une certaine mesure, et dont le but était d'assurer la plus grande et la plus parfaite impartialité des décisions prises par le jury d'examen. Ces dispositions si justes, et si conformes aux principes de la liberté d'enseignement, ont été abrogées par le Parlement, et nous nous trouvons en présence de deux corps rivaux dont l'un a le droit d'examiner les élèves de son concurrent, tandis que la loi lui réserve la faculté d'être et de demeurer le seul juge du mérite et des progrès de ses propres élèves. J'ai oublié de dire qu'avant le vote de la loi de 1850 un député était monté à la tribune, et avait demandé si les communautés religieuses auraient leur part de cette liberté d'enseignement. M. Thiers vint alors, à cette même tribune, déclarer que les communautés religieuses ne seraient pas exclues du bénéfice de la loi nouvelle, qu'elles étaient comprises implicitement dans le projet, et qu'elles pourraient ouvrir des colléges et se livrer, en toute liberté, à l'œuvre de l'enseignement.

J'aime à croire que les professeurs si éminents et si distingués que renferme l'Université, regrettent vivement qu'un esprit plus libéral n'ait pas présidé à la loi de 1850, et que la liberté d'enseignement soit demeurée si incomplète et si insuffisante. Je ne vous parlerai pas des nouvelles lois sur les écoles primaires et sur l'instruction obligatoire, qui sont regardées, par les esprit sages et éclairés, comme des armes terribles, forgées et préparées contre la liberté religieuse de toutes les confessions chrétiennes, et surtout contre les droits sacrés de l'Eglise catholique. S'il m'avait été donné de rencontrer ce Léon Gambetta, dont notre ami Angélis admire la chaude et éloquente parole, et la prodigieuse activité d'esprit, je me serais permis de lui demander s'il voulait recommencer la triste et malheureuse épreuve de Julien l'Apostat, et faire descendre les membres d'une Eglise qui a fait la France si grande et si prospère au rang de vils parias. J'ai même entendu dire et répéter autour de moi que le gouvernement choisirait presque tous ses fonctionnaires parmi les élèves de ses lycées, et éloignerait des fonctions publiques les jeunes gens qui auraient été élevés et instruits dans les écoles libres. S'il en est ainsi, n'est-ce pas là la complète négation de cette liberté d'enseignement qui nous a coûté tant d'efforts et de sacrifices ?

Et que dire, mon cher Angélis, de ces municipalités républicaines qui dépensent des sommes si considérables pour les écoles laïques, et refusent d'accorder le plus petit secours aux écoles libres? N'est-ce pas là commettre la plus odieuse injustice et jeter le défi le plus audacieux à la conscience publique? Les pères, les parents, les amis des enfants qui fréquentent les écoles libres ne paient-ils pas les impôts aussi bien que les parents et les amis de ceux qui reçoivent le bienfait de l'instruction dans les écoles laïques ?

Angélis, qui venait de me présenter une magnifique grappe de raisins, me regardait avec un vif étonnement. Ce que vous venez de dire, s'écria-t-il, est plein de justesse et de vérité, et cependant j'estime qu'il ne faudrait pas être trop sévère envers l'Université de France. Cependant je dois reconnaître que la liberté d'enseignement est encore bien incomplète, puisque le monopole universitaire subsiste dans toute sa force et conserve des priviléges si excessifs qu'il est presque impossible à l'enseignement libre de soutenir la lutte et d'échapper aux étreintes d'un ennemi si puissant et si redoutable. Le temps n'est peut-être pas éloigné où l'Etat sera obligé de tenir la balance égale entre l'Université et l'enseignement libre. Je crois, en outre, qu'il serait de toute justice que l'Etat accordât des subventions et des encouragements aux établissements libres qui auraient su mériter la confiance des familles et imprimer aux études une utile et savante direction. L'Angleterre jouit, en matière d'enseignement, de la plus entière et de la plus complète liberté, et cependant de grandes et nombreuses universités et des colléges richement dotés répandent parmi toutes les classes de la société des trésors de science et de vertu. En France on se déshabitue trop facilement du soin des plus importantes affaires et l'on semble prendre plaisir à se reposer sur le gouvernement de tout ce qui touche de plus près aux institutions qui ont fait si longtemps la force, la grandeur et la prospérité de notre pays.

Vous le voyez, dit Angélis, il n'y a entre nous aucune divergence de sentiments et d'opinions, et je partage pleinement vos idées sur toutes ces questions. Siraudet, que j'ai rencontré l'autre jour sur la promenade Fénelon, me disait, avec ce style pitoresque et finement naïf : Le peuple français est un véritable enfant, il ne sait rien faire par lui-même. Quand est-ce qu'on le débarrassera de ses lisières ?

Siraudet a raison, s'empressa de dire l'élève de l'abbé. Voilà plus de trente ans que j'entends parler de décentralisation, et jamais centralisation administrative n'a atteint de si grandes et si formidables proportions. Depuis le plus humble garde champêtre jusqu'au plus haut fonctionnaire de l'Etat, tout relève du pouvoir central. L'Etat nomme et institue les magistrats de l'ordre le plus élevé, et, depuis le règne de François Ier, il pourvoit aux plus hautes dignités de l'Eglise. On peut donc dire sans témérité qu'en France le pouvoir souverain tient dans ses mains toutes les faveurs et toutes les ressources de l'Etat, et en fait mouvoir tous les ressorts. Mais que pensez-vous, mon cher maître, de cette fameuse question de la séparation de l'Eglise et de l'Etat ?

L'abbé allait répondre, lorsque l'on apporta sur la table une bouteille de vin de Cahors, qui ne faisait jamais son apparition au milieu des convives, heureux et réjouis, que dans les grandes occasions. C'est un vin, dit l'élève, qui a plus de soixante ans de bouteille, et que j'ai acheté, lors de la vente de la fameuse cave de M. Lassagne, de la Roque-des-Arcs.

Louis-Philippe, qu'on appelait le roi citoyen, et qui possédait une grande fortune, avait fait l'acquisition d'un certain nombre de barriques de ce vin délicieux, et je puis vous assurer que les ministres et tous ceux qui avaient l'honneur de s'asseoir à la table du palais des Tuileries, ne pouvaient s'empêcher de pousser des cris d'admiration, lorsqu'ils approchaient de leurs lèvres cette liqueur divine,

J'ai bu quelquefois de ce vin, dit l'abbé, chez un des plus pieux et des plus estimables curés de notre bonne ville de Cahors, et je puis vous assurer qu'il est digne de tout honneur et de toute louange.

Les serviteurs versèrent alors, dans de petites coupes en cristal, des flots de ce vin généreux, et la joie la plus vive se peignit sur tous les visages et ranima tous les cœurs. Puisque vous voulez savoir et connaître mon sentiment sur cette grande question des rapports de l'Eglise et de l'Etat, je vous dirai, d'abord, que ceux qui demandent et s'efforcent de faire passer dans nos lois le principe de la séparation de l'Eglise et de l'Etat, ont seulement en vue de priver les ministres du culte catholique d'un traitement qui ne représente qu'une faible partie des biens dont l'Eglise de France a été injustement dépouillée lors de la grande Révolution. Si jamais le budget des cultes était supprimé, ce serait une criante injustice, et la violation la plus odieuse et la plus flagrante des engagements qui ont été pris, à la face du pays, par l'Assemblée constituante de 1789. Quant à la séparation des deux pouvoirs, je n'y verrais pas grand mal, et je crois même que l'Eglise catholique en retirerait d'inestimables avantages. Elle recouvrerait d'abord le droit d'élire ses évêques et de pourvoir elle même à toutes les nécessités du culte, et elle n'aurait jamais la douleur de compter parmi les membres des fabriques un maire ou un adjoint profondément hostiles aux idées et aux institutions chrétiennes ; mais il faudrait, alors, que les lois du pays permissent aux églises et à tous les établissements religieux d'acquérir et de posséder des biens, et de pouvoir recueillir les dons et legs de leurs bienfaiteurs. Et si l'on voulait être juste et honnête, il faudrait inscrire au grand livre de la dette publique un capital de rentes qui représentât au moins les deux tiers des biens dont l'Eglise a été dépouillée. S'il en était autrement, les membres du clergé seraient réduits à la plus grande misère, et une confession religieuse qui renferme dans son sein la grande majorité du peuple français, se verrait dans l'impossibilité la plus absolue de pourvoir à tous ses besoins et à toutes ses nécessités. S'il s'agit d'une œuvre de spoliation, je n'ai rien à dire, ou si l'Etat, quels que fussent sa forme et son mode d'administration, venait à manquer à ses engagements les plus sacrés, il s'attirerait le blâme et l'indignation des gens de bien et signerait son propre déshonneur. Quant au droit d'association, dont me parlait, l'autre jour, notre digne et excellent ami Labanis, je le veux entier, et je désire de toute la force de mon âme que rien n'en vienne troubler le juste et légitime exercice. Lorsque, sous l'Empire, le général de Castelbalzac monta à la tribune du Sénat pour défendre contre de perfides insinuations les communautés religieuses, et surtout celles qui se vouent au soulagement de toutes les misères, et exercent avec tant d'ardeur et de générosité le pénible ministère de la bienfaisance publique, le digne général ne put s'empêcher de s'écrier : O justice, ô vertu, vous ne serez donc jamais qu'un vain nom ! Vous tolérez et vous autorisez des associations qui portent la plus grave atteinte aux bonnes mœurs et à l'honneur des familles, et vous réservez toutes vos sévérités contre ces femmes héroïques qui, au sein de nos hôpitaux et jusque sur les champs de bataille, prodiguent aux malades et aux blessés les soins les plus généreux et les plus empressés.

Je relisais il y a quelques mois le magnifique ouvrage du comte de Montalembert sur les travaux et les œuvres des moines d'Occident, et je déplorais amèrement que ces asiles de la science et de la vertu eussent été emportés par l'affreuse tempête qui a semé sur notre terre de France tant de ruines et de désolations. Ces demeures presque somptueuses, que des princes, et même souvent de simples particuliers, avaient élevées, au milieu des campagnes les plus pauvres et les plus délaissées, pour recueillir et abriter tant de misères et d'infortunes, sont tombées, pour ne plus se relever, sous les coups de nos démolisseurs, et c'est avec un cœur attristé que nous voyons de pauvres vieillards, accablés par l'âge et les infirmités, chercher en vain un asile où ils puissent s'endormir en paix dans les bras de ce Dieu d'amour et de miséricorde qui a dit : Heureux ceux qui souffrent, parce qu'ils seront consolés. Il y a à peine quelques jours, je m'arrêtais, en me rendant à Figeac, devant les ruines qui entourent encore les jardins de l'hôpital d'Issendolus, qui était desservi par des religieuses de l'Ordre de Malte. Un ecclésiastique du plus grand mérite, et qui appartient au diocèse de Cahors, a composé deux beaux ouvrages sur ce grand hôpital, qui, à la veille de la Révolution française possédait encore seize métairies, et renfermait un grand nombre de malades et d'infirmes. En parcourant ces jardins et ces vieilles ruines, je me rappelais ces pages délicieuses dans lesquelles le pieux et savant biographe nous raconte les œuvres et les douces et touchantes vertus de sainte Fleur, qui était venue, du fond de l'Auvergne, dans cet asile de la souffrance et de la douleur, consacrer toutes les facultés de son âme, et les forces les plus vives de son esprit et de son corps, à ce noble et saint ministère de la piété et de la bienfaisance chrétienne. Avant de m'arrêter près de ces murs sacrés, qui semblaient me redire et me raconter les merveilles de la charité et de la fraternité la plus pure et la plus sublime, j'avais visité la grande abbaye des Bénédictins de Souillac. Ces immenses cloîtres, ces longs corridors et ces vastes salles qui servent maintenant à un entrepôt de tabac, me rappelaient les travaux de ces enfants de saint Benoît, qui ont défriché les deux tiers de l'Europe, composé de si beaux ouvrages, et préparé le grand réveil des lettres et de la science. J'avais donc eu sous les yeux deux magnifiques monuments de la civilisation chrétienne, et je regrettais vivement la disparition de ces siècles de foi qui nous ont légué des choses si grandes et si précieuses. Les temps sont bien durs et bien difficiles, et cependant il nous est permis d'espérer que, dans un avenir prochain, le peuple revenu de ses erreurs, fera justice de ce manifeste de Romans, dépourvu de toute sincérité, car ce cri de guerre, jeté à la face d'une Eglise qui a traversé tant de siècles, et triomphé de toutes les puissances du monde, n'était, au fond, qu'une manœuvre de parti et un moyen facile d'arriver au pouvoir, en flattant les mauvais instincts et les viles passions d'une populace en délire.

Lorsqu'on se fut levé de table, les convives se répandirent dans les jardins et les bois de chênes qui entourent cette belle et agréable habitation. L'abbé demanda à ses amis la permission d'aller respirer un air plus vif et plus fortifiant au-dessus de la colline dont le large sommet s'étend vers la maison de campagne du couvent des Dames Blanches de Cahors. Pendant que l'abbé contemplait avec un vif contentement les belles campagnes et les nombreuses collines qui environnent l'ancienne cité des Cadourques, Angélis avait écouté avec la plus grande attention cette savante conversation qui avait charmé tous les convives, et les paroles de son ancien condisciple de collége avaient produit sur son esprit la plus forte impression. Il était un ami dévoué de la famille de Gambetta, et son grand-père avait assisté au mariage de M. Gambetta avec Mlle Massabie. Le jeune Léon lui avait apparu depuis la chute de l'empire comme le seul homme capable de discipliner le parti républicain, d'inaugurer une politique de paix et de conciliation, de relever le prestige de la France à l'extérieur, et d'imposer silence à ces hommes sans foi et sans honneur qui cherchent, à travers les désastres public, une route facile vers de brillantes et lucratives positions. Il disait souvent à Michel Gambetta, l'oncle de l'ancien dictateur de Tours : Si votre neveu peut museler le tigre populaire et jeter dans les égouts de Paris la *Lanterne* de Rochefort, il arrivera sûrement au faîte de la puissance et de la grandeur, et pourra reprendre, au bruit des applaudissements et des acclamations d'un peuple ivre de joie et d'enthousiasme, les glorieuses traditions des Césars romains. Cependant deux points noirs étaient venus, dans ces derniers temps, assombrir ces magnifiques perspectives de gloire et de prospérité. Gambetta, alors président de la Chambre des députés, avait manqué, à la réunion de Belleleville, de présence d'esprit et de cette parole ferme et convaincue qui en impose aux hommes les plus pervers et les plus audacieux. Ce jour-là il perdit la partie ; les paroles imprudentes qu'il prononça : « J'irai vous chercher jusqu'au fond de vos repaires, » ne firent qu'enflammer les colères de ses auditeurs, et déjà tout faisait prévoir que ceux qu'il avait eu la maladresse d'appeler des *esclaves ivres* conserveraient le souvenir de ces paroles insultantes, que leur ancienne idole venait de leur jeter à la face. Gambetta, hors de lui, s'échappa par une porte dérobée, pendant que d'horribles clameurs et de furieuses menaces ébranlaient les murs de la salle. Le député de Belleville se hâta de regagner le palais Bourbon, et sans doute il dut se rappeler les paroles que Mirabeau adressait au peuple de Paris : « Je n'avais pas besoin de cette leçon pour savoir qu'il n'y a pas loin du Capitole à la roche Tarpéienne. » Un autre point noir avait un peu diminué les espérances d'Angélis. L'insuccès du grand ministère était pour le moins un arrêt, et le choix de Paul Bert pour le ministère des cultes était des plus malheureux. Confié à un professeur qui ne cachait pas ses tendances matérialistes et ses préférences pour la libre-pensée, n'était-ce pas là jeter un défi aux consciences honnêtes et à tous ceux qui ont gardé au fond de leur âme le culte et le respect de nos croyances et de nos traditions religieuses ?

Tout à coup, Angélis, se tournant vers l'élève, lui demanda s'il partageait les idées du vénérable ecclésiastique sur la liberté d'enseignement. Tout ce que nous a dit mon ancien maître, répondit l'élève, me paraît plein de justesse et de vérité. Il aime l'Université de France, et il est bien loin de désirer sa ruine et sa complète suppression ; mais il voudrait que le droit du père de famille d'élever ses enfants et de les confier au maître de son choix, ne fût pas un vain mot. Un esprit si ferme et si clairvoyant devait nécessairement être vivement frappé des imperfections et des lacunes que renferme la loi de 1850.

Refuser à l'enseignement libre le droit d'examiner ses élèves et ne réserver qu'aux lycées de l'Etat les faveurs et les riches subventions, qui leur permettent de défier toute concurrence, et livrer enfin à leurs seules forces les établissements libres, n'est-ce pas là retirer une partie des avantages et des concessions qui avaient été d'abord accordées ? Un esprit sérieux et éclairé ne peut se faire aucune illusion là-dessus. L'Université, qui possède d'immenses priviléges, ne veut pas que des établissements rivaux puissent se fonder et se développer à ses côtés, et lui disputer la direction des esprits et des intelligences. Elle triomphe aujourd'hui, et je ne sais si elle a éprouvé un sentiment de vive et de profonde satisfaction, lorsqu'elle a vu se fermer ces grandes maisons où d'humbles et fervents religieux se préparaient et se livraient, dans le silence de l'étude, à de grands et pénibles travaux. Dieu seul lit au fond des cœurs et pénètre nos plus secrètes pensées ; mais ce qui me paraît certain, c'est que la liberté d'enseignement se relèvera un jour plus forte et plus vivante, et regagnera bien vite tout le terrain qu'elle a perdu. La loi de 1850 était une œuvre de paix et de conciliation, et je crois qu'il aurait été sage et prudent d'en respecter le principe et le libre épanouissement.

Pendant que ces deux amis se promenaient dans une longue allée en agitant ces grandes et importantes questions, on vint annoncer que Siraudet et le sieur de Boutillot venaient d'arriver dans une voiture et gravissaient déjà le petit sentier qui conduit à la villa. L'élève s'empressa d'aller à la rencontre de ces nouveaux venus. C'étaient pour lui des amis d'ancienne date, et il aimait à se rendre à la villa de La Béraudie, où il était toujours reçu comme un enfant de la maison. Siraudet, qui s'occupait beaucoup d'agriculture et d'horticulture, lui faisait part de ses projets, et lui soumettait les ouvrages qu'il venait de composer sur le drainage, les irrigations, les prairies artificielles, la culture de la vigne, l'aménagement des eaux, la plantation et la taille des arbres.

La maîtresse de la maison s'avança vers eux et les introduisit dans un salon richement meublé, où l'on venait d'allumer un grand feu. Dès qu'ils furent assis sur de magnifiques sofas, la conversation ne tarda pas à prendre le tour le plus vif et le plus animé ; l'abbé, qui venait de terminer sa promenade, vint offrir à Siraudet et à Boutillot ses affectueux hommages, et vint se placer près d'Angélis.

Vous avez été bien inspirés, dit l'élève à ses deux amis, en venant nous visiter dans notre humble campagne, et je ne saurais trop vous en témoigner mon contentement et ma reconnaissance. Un de mes clients m'a apporté ce matin deux perdreaux et un gros lièvre, et comme on ne fait pas de façon avec ses amis, j'espère que vous voudrez bien nous donner la soirée. J'ai un cordon bleu qu'un heureux hasard m'a fait rencontrer ; son talent culinaire est au-dessus de tout éloge, et l'on vous servira un civet dont la douce et agréable odeur ravivera vos esprits ; et puis nous boirons à la santé de ce bon abbé, qui nous arrive de si loin, une bouteille de ce vin que mon digne et respectable père avait acheté à Calamane. Vous savez que ce vin jouit d'une grande réputation, et que Jules César, lui-même, quand il vint assiéger Divona, en fit l'éloge dans un ordre du jour adressé à ses légions et à ses cohortes. Vous pouvez, du reste, être parfaitement tranquilles, car mon cocher a déjà remisé votre voiture, et je lui ai recommandé d'avoir le plus grand soin de vos magnifiques chevaux.

Vous avez prononcé tout à l'heure, dit l'abbé à son ancien élève, le nom de Jules César et de ces vaillantes légions qui vinrent camper sous les murs de notre ancienne cité. Le siége fut long et terrible, et la ville fut défendue avec un courage presque héroïque ; les habitants des Cadourques tombèrent presque tous au pied des murailles qu'ils avaient si noblement défendues. César, lorsqu'il se présenta devant cette ville, s'écria, à l'aspect des collines qui la dominent : « C'est là une nouvelle Rome. »

Bien des siècles après, Henri IV vint assiéger Cahors et éprouva, comme le général romain, une noble résistance. La lutte fut même plus vive et plus opiniâtre, car il s'agissait, pour ce peuple si profondément chrétien, de défendre ce qu'il avait de plus précieux, sa foi religieuse et la liberté de son culte. Le prince calviniste, qui rappelait par bien des côtés le génie militaire et la ténacité d'Annibal, s'écria, dans un moment où son armée reculait, saisie d'effroi et d'épouvante : « C'est donc une nouvelle Sagonte ? »

Notre pays, ajouta l'abbé, abonde en faits héroïques et nous retrouvons à chaque pas, sur cette vieille terre du Quercy, les traces glorieuses des hommes qui ont rendu le plus de services à leur pays et ont contribué si puissamment à sa grandeur et à sa gloire.

Il y a quelques jours je visitais l'église d'Assier et le tombeau de Gaillot de Ginoulhiac, grand-maître de l'artillerie. Sous le règne de François Ier, il était à la bataille de Marignan, où les Suisses nous opposèrent une si longue et si vive résistance, et c'est sans doute à cette puissante et terrible artillerie, dont le génie de cet homme de guerre avait doté la France, que nous fûmes redevables du succès de nos armes.

Ce tombeau est construit dans une chapelle, d'une architecture admirable. Gaillot de Ginoulhiac est représenté au-dessus de ce mausolée, près d'une pièce de canon reposant sur un affût. Ce qui reste du château du seigneur d'Assier, nous donne la plus haute idée de la belle et magnifique architecture du XVIe siècle.

L'immense château de Castelnau, assis sur une colline d'où l'on découvre la riche et vaste plaine de Bretenoux, est un des derniers restes de ces forteresses féodales qui abritèrent l'indépendance nationale sous les faibles successeurs de Charlemagne. C'est aussi dans les Gaules et dans le pays des Cadourques que se trouvait Uxellodunum, qui fut le dernier boulevard de la liberté gauloise. Luctérius et ses valeureux soldats s'immortalisèrent par les plus brillants faits d'armes, et prolongèrent longtemps une si belle et si héroïque résistance. Mais ici vient se placer une question qui n'a pas encore été résolue d'une manière satisfaisante : « Où était située cette place forte qui arrêta si longtemps les légions romaines? Sans aucun doute, elle s'élevait dans le pays des Cadourques, puisque Jules César, dans ses commentaires, dit que l'Oppidum gaulois se trouvait dans ce pays, *In regione Cadurcorum,* » et que la rivière l'entourait de tous les côtés, à l'exception d'un seul. Les historiens ne sont pas d'accord pour assigner le véritable emplacement de cette place forte. Les uns prétendent que c'est Capdenac ; d'autres Puy-d'Issolus ; enfin Luzech et Cahors se disputent ce brillant honneur.

S'il m'était permis de dire mon sentiment sur

une question si difficile à résoudre, je me prononcerais en faveur de Capdenac, qui est situé à quelques kilomètres de Figeac, et n'est pas très-éloigné de cette Auvergne héroïque où Vercingétorix avait organisé une si puissante et si énergique résistance.

Je parcourais le vaste oppidum de Puy-d'Issolus, qui renferme dans son sein des débris d'armes et des tombes gauloises qui gardent encore les nobles dépouilles des défenseurs de la patrie, lorsque mes yeux aperçurent, au fond d'une immense plaine, les tours du château de Turenne, qui fut, pendant de longues années, la résidence de l'illustre famille de Bouillon. La vue de ces grandes ruines éveilla dans mon esprit tout un monde d'idées et de souvenirs. Je me représentai le vainqueur de Montecuculli, et j'évoquai ces lieux célèbres par tant de victoires, où l'épée de la France brilla d'un si vif éclat.

Même dans ces derniers temps, notre beau département a produit d'illustres généraux et de grands hommes d'Etat. Le duc de Berg qui ceignit plus tard la couronne royale, était à la tête de la cavalerie de la grande armée, lorsque Napoléon, porté jusque-là sur les ailes de la victoire, fit son entrée à Moscou, dans le palais des czars. Le maréchal Bessières s'immortalisa sur de nombreux champs de bataille, et acquit une brillante renommée de valeur et de courage. Les arrondissements de Cahors et de Gourdon étaient fiers d'avoir donné naissance à deux maréchaux de France. Celui de Figeac fut quelque temps privé de ce brillant honneur ; mais le maréchal Canrobert, que les glorieuses campagnes d'Afrique, de Crimée, d'Italie, et la terrible guerre de 1870, ont élevé à un si haut degré de gloire et d'illustre renommée, lui réservait la plus belle et la plus magnifique compensation. Cette ville de Figeac, qui se glorifie à si juste titre d'avoir donné le jour au savant Champollion, n'a plus rien à envier aux deux autres arrondissements. La fortune répandit cependant sur Murat ses plus riches faveurs. Cet intrépide guerrier devint le beau-frère du grand empereur, et gravit les marches du trône. Vous le voyez, Messieurs, dit l'abbé, les illustrations de tout genre abondent dans notre pays, et je vois d'ici la vieille tour qui s'élève au milieu des ruines du palais du pape Jean XXII. Champollion a découvert le mystérieux secret de la langue sacrée des prêtres de Thèbes et de Memphis, et c'est grâce à lui que Mariette de Rougé et tant d'autres égyptologues ont pu déchiffrer les hiéroglyphes qui couvrent le temple de Karnak, et tous ces magnifiques monuments répandus dans la haute et basse Egypte.

Je ne veux pas mettre à une rude épreuve la modestie du noble et vaillant maréchal qui a si souvent présidé le Conseil général du Lot, et qui s'estimait si heureux de se trouver au milieu de nous. Qu'il me soit permis cependant de dire un mot à la louange de ce noble et généreux concitoyen. Au milieu des rigueurs d'un affreux hiver, le maréchal Canrobert conserva presque intacte l'armée qu'on lui avait confiée.

Il faisait exécuter les travaux de siége, qui devaient bientôt lui livrer Sébastopol. On l'accusa de lenteur; mais le général Pélissier, qui vint prendre sa place, ne tarda pas à reconnaître qu'il aurait mieux fait d'imiter ces sages lenteurs, que de risquer trop tôt un assaut dont l'insuccès devait avoir les plus malheureux résultats. Repoussé avec de grandes pertes, le futur duc de Malakoff dut reprendre et compléter les travaux de siége, qui devaient lui procurer un glorieux succès. Et si, à Saint-Privat, les corps d'armée de Bazaine et de Mac-Mahon avaient pu faire leur jonction avec les troupes que commandait notre illustre compatriote, c'en était fait de l'armée allemande, et « les murs de Pergame seraient encore debout. »

Priamique arx alta, maneres.

Pendant que l'abbé rappelait dans un langage ému les gloires et les grandeurs de sa terre natale, Angélis semblait l'interroger du regard, et le suppliait de ne pas omettre tout à fait, parmi ces glorieux enfants d'une terre si riche et si féconde en hommes extraordinaires, le nom de Léon Gambetta.

L'abbé devina ce qui se passait dans l'âme de son vieil ami. Un abîme me sépare des doctrines et des idées que le député de Belleville a préconisées dans ses discours et dans ses harangues. Son programme de Romans, ce cri de guerre et de défiance, jeté à la face d'un clergé si pieux, si savant et si vénérable, ce système des nouvelles couches, qui faisait table rase de nos plus précieuses libertés, menaçait tous les droits acquis, déchaînaît toutes les cupidités et les folles ambitions, et devait jeter, tôt ou tard, au milieu d'une société si profondément troublée, des brandons de discorde et de guerre civile, n'auront jamais l'approbation d'un cœur qui a placé au-dessus des viles passions de la terre les droits sacrés de la religion, la sainteté de la famille, le respect de l'autorité, l'inviolabilité de la liberté individuelle, et ces mâles et austères vertus qui furent les principales causes de la grandeur et des étonnantes prospérités de la république romaine.

Cependant, je ne fais aucune difficulté d'avouer et de reconnaître que Léon Gambetta avait reçu du ciel et de la nature de grandes et précieuses qualités. Son éloquence entraînante et persuasive lui a valu de brillants triomphes, et lui a ouvert la voie et le chemin de la puissance et des honneurs. Son intelligence était vive, et son esprit n'était pas dépourvu de force et d'étendue ; mais il manquait de ces premières études et de cette longue expérience des hommes et des affaires qui pouvait seule mûrir un si beau talent, et le faire triompher des obstacles qui se dressaient déjà sur sa route, et semblaient menacer son avenir.

Du reste, mon cher Angélis, l'heure et le moment ne sont pas encore venus de porter un jugement sur le puissant tribun et l'éminent orateur de nos Assemblées politiques. Un voile sombre et mystérieux couvre ses derniers moments, et l'absence d'un testament politique nous empêche de lire à travers les lignes les véritables pensées, les grands projets et les espérances qui agitaient son esprit, et faisaient l'objet de ses rêves et de ses méditations.

En ce moment l'on vint dire à l'abbé qu'un personnage de la plus haute distinction désirait l'entretenir et lui faire une importante communication. Le digne ecclésiastique s'empressa de se rendre auprès du nouveau venu, qui l'attendait dans le petit salon communiquant avec l'orangerie.

Dès que l'abbé se fut retiré, le sieur de Boutillot, qui avait recueilli avec le plus grand soin toutes les paroles de ce savant entretien, prit alors la parole :

« L'homme que vous venez d'entendre vous a parlé en termes magnifiques de toutes nos gloires littéraires, artistiques, politiques et militaires, qui ont répandu un si vif éclat sur notre pays, et l'ont placé si haut dans l'estime et l'admiration de ses voisins ; mais sa modestie ne lui a pas permis de vous dire qu'il est né, pour ainsi dire, à quelques pas du château de Fénelon, qui garde encore le souvenir de l'immortel archevêque de Cambrai. Fénelon, qui devait être l'émule de Bossuet, fit ses premières études à l'Université de Cahors, qui était dirigée par de savants professeurs. Ce prélat, que nous envie l'Europe, et peut-être la terre entière, peut être regardé comme un enfant du pays des Cadourques. Le château qui l'a vu naître, s'élève à quelques kilomètres des limites de notre département, et si nous en croyons les historiens du temps, c'est à Lamothe-Fénelon, dans le canton de Payrac, près de Gourdon, que vint au monde le précepteur des enfants de France.

« Ses nombreux ouvrages et son grand amour pour l'Eglise et pour la France, ont environné sa mémoire comme d'un manteau d'honneur et de vénération. L'évêque de Meaux disait de ce grand prélat : « Il a de l'esprit à faire peur, » et Fénelon vit descendre dans la tombe l'évêque antique auquel Labruyère, dans son discours de réception à l'Académie française, décerna le titre glorieux de dernier Père de l'Eglise. Le Cygne de Cambrai vit les armées étrangères fouler le sol de la patrie, et comme le grand Augustin, que la présence des Vandales avait rempli d'une douleur si amère, l'âme de Fénelon se brisa à la vue des ennemis de la France et de son roi ; et lorsqu'on lui annonça la triste et lamentable nouvelle de la mort de son royal élève, le duc de Bourgogne, le saint évêque laissa tomber de ses lèvres ces paroles si belles et si françaises : « Pauvre France, je t'avais préparé cinquante ans de bonheur. »

Quant à moi, dit Siraudet, j'aurais désiré que l'abbé, dont vous admirez la sûreté et l'élévation d'esprit, eût siégé à la Chambre des députés, et eût été amené à combattre et à demander le rejet de tous ces projets de loi qui confisquent la liberté des pères de famille, et mettent en péril les droits les plus sacrés de l'Eglise et de la société. C'eût été une étrange et magnifique spectacle que de voir deux enfants de la ville des Cadourques se jeter dans l'arène, et rompre, comme deux anciens preux, une lance au milieu du tumulte, des bruits et des applaudissements des élus du peuple.

J'aimerais mieux, dit Angélis, le voir monter dans la chaire de Notre-Dame, et faire entendre, sous ces voûtes sacrées, une voix que les chaires ne connaissent plus, mais qui saurait trouver des accents assez puissants pour émouvoir les cœurs, et leur inspirer, avec l'amour de la vertu, le goût des grandes choses, de Dieu, de la religion et de la patrie.

L'abbé, qui venait de rentrer, était sur le point de reprendre sa place, lorsqu'on vint annoncer que le souper était servi.

L'abbé, appuyé sur le bras de son élève, et suivi de ses amis, se rendit dans la salle à manger qui avait été décoré avec soin et magnificence, comme au jour des plus belles fêtes et des plus douces réjouissances. La joie la plus vive et la plus confiante ne cessa de régner parmi les convives, et lorsque l'abbé, accompagné de son élève et de ses amis Siraudet et le sieur de Boutillot, redescendit la colline, il ne put s'empêcher de s'écrier, en jetant un dernier regard sur ces belles campagne et sur cette cité bien-aimée, où s'étaient écoulées, si pures et si tranquilles, les plus belles années de sa vie : « Qu'il fait bon être ici ! » Et lorsque, près de monter en voiture et de regagner la villa de Labéraudie, qu'il devait quitter le lendemain, il tendit la main à son élève, celui-ci s'inclina et dit, d'une voix tendrement émue: « Vos pensées sont celles de Dieu, et elles feront leur chemin, car les hommes passent vite, mais la vérité demeure. »

E. B., *croyant de Cahors.*

ÉPILOGUE OU CONCLUSION

Pendant que l'abbé se dirigeait avec ses amis vers la villa de Labéraudie, Angélis avait pris le chemin de Galecies, et repassait dans son esprit les nobles et savants entretiens auxquels il venait d'assister, lorsque, au détour d'un chemin qui s'étend le long d'un grand bois, il fit la rencontre d'un de ses plus chers et de ses meilleurs amis. C'était le sieur Chevandier, qui revenait de visiter une de ses propriétés.

Ces deux hommes, qui ne s'étaient pas vus depuis longtemps, furent heureux de se retrouver, et de se faire part de leurs craintes et de leurs espérances. Chevandier était un de ces magistrats démissionnaires qui avaient mieux aimé renoncer à une brillante position que de prêter les mains à l'expulsion de pauvres religieux dont il avait toujours admiré les lumières, la sagesse et l'esprit de dévouement. Quoiqu'il eût à peine dépassé l'âge de quarante ans, il avait acquis la plus belle réputation d'esprit et de savoir que puisse mériter un magistrat, et tout le monde le regardait comme un éminent et profond jurisconsulte. Non content de remonter aux sources du droit, et d'étudier les diverses législations qui régissent les peuples du continent, il avait consacré de longues veilles à l'étude de la théologie et des Pères de l'Eglise, et savait par cœur la Somme théologique et philosophique de saint Thomas d'Aquin. Tout semblait donc lui promettre un grand avenir de gloire et de prospérité. Il embrassa tendrement Angélis, et après lui avoir demandé des nouvelles de sa santé, il s'assit, avec son ami, sur le tronc d'un grand chêne, qui se trouvait le long du chemin.

J'ai passé, dit Angélis, la journée chez un de mes amis, où se trouvait un digne et savant ecclésiastique, et je puis vous dire que les paroles que j'ai entendues, ont fait sur mon esprit la plus vive et la plus profonde impression. On s'est entretenu surtout de ce jeune avocat de Cahors que vous avez connu, et qu'un concours d'heureuses circonstances avait élevé au faîte du pouvoir et de la puissance.

Dans les temps de révolution, dit Chevandier, les hommes grandissent vite, et le peuple, qui se laisse si souvent éblouir par de vaines paroles et de brillantes promesses, se hâte de porter sur le pavois des hommes dont il n'avait jamais entendu prononcer le nom. Mais la mort a fait son œuvre, le souffle de Dieu a passé, et l'oubli va bientôt commencer pour ce fougueux député de Belleville, qu'on appelait déjà le « Maître » et qui se préparait peut-être, à l'exemple du triumvir Octave, à confisquer toutes les libertés publiques, à réunir dans ses mains tous les pouvoirs et toutes les magistratures de l'Etat, et à se réserver à lui seul, sous le titre modeste de protecteur du peuple, la suprême direction des hommes et des affaires.

Le temps lui a manqué pour réaliser ce rêve d'ambition, et qui sait si une sybille fatidique lui aurait préparé et offert ce gâteau qui devait endormir le cerbère de la démagogie, et lui frayer au delà des enfers le chemin des Champs-Elysées ?

En tout cela, mon cher Angélis, nous devons admirer les desseins de la divine Providence, qui brise, au moment marqué par sa sagesse, les instruments dont il lui a plu de se servir, pour punir les hommes et purifier la terre de ses hontes et de ses souillures. Dieu s'est levé, dirai-je avec Isaïe, et il a pris son van, pour nettoyer son aire ; et quand je considère le coup que le glaive du Seigneur vient de frapper, je sens monter sur mes lèvres ces belles paroles du prophète-roi : « *En vérité l'homme passe comme une image qui disparaît, comme une ombre qui s'évanouit, et néanmoins il ne laisse pas de s'inquiéter et de se troubler inutilement pour une vie qui dure si peu. Il amasse des trésors, et il ne sait pas pour qui il les aura amassés.* »

Vous me demanderez peut-être ce que je pense de cette politique opportuniste, dont on a fait tant de bruit. Cette politique, mon cher Angelis, manque à mon avis de franchise et de sincérité, et je ne saurais la qualifier d'une manière plus claire qu'en l'appelant « le radicalisme en temps d'arrêt. » On voulait dépouiller la magistrature française de ce qui a fait toujours sa force et son indépendance, et faire de tous nos magistrats des agents dociles du pouvoir central. On avait l'intention bien arrêtée de supprimer et de faire disparaître subitement les libertés les plus précieuses, et de refuser aux seules communautés religieuses le bénéfice du droit d'association.

Les membres du clergé catholique devaient bientôt être réduits à mourir de faim et de misère, et peut-être, dans ces profondeurs où se discutent et s'élaborent des plans de ruine et de destruction, avait-on déjà résolu de fermer un jour les temples catholiques, et d'imposer silence à ces voix sacrées et intrépides qui revendiquent la pleine liberté de la prière, du sacrifice, de la charité et de l'enseignement religieux.

Les plus belles et les plus utiles institutions du pays étaient donc vouées à une perte certaine; mais pour assurer la pleine et complète exécution de ces néfastes projets, il ne fallait rien précipiter et attendre, avant de faire table rase de toutes ces grandes choses, le moment le plus favorable et le plus opportun. On se préparait à porter la hache sur la racine de l'arbre condamné à périr, mais en attendant que les circonstances permissent de le détruire complètement on se contentait pour l'heure d'affaiblir et de diminuer ses forces. Voilà le sens véritable de la politique opportuniste. Mais l'homme qui avait inauguré et mis en pratique ce plan d'attaque et de destruction progressive, n'a pu atteindre le but qu'il s'était proposé. Ce qu'on voulait détruire avant tout c'était cette liberté religieuse qui fleurit cependant chez tant de peuples divers et n'a cessé de produire les plus heureux fruits, et à l'heure où nous écrivons, cette religion catholique, qui est dans notre malheureux pays l'objet des plus violentes attaques, voit s'ouvrir pour elle en Allemagne, et jusque dans les steppes de la Russie, une ère de liberté et de réparation. Tenez, ajouta Chevandier, l'heure est déjà avancée, et je ne veux pas vous retenir trop longtemps, mais je veux cependant vous dire, sur la question religieuse, toute ma pensée, et afin que vous puissiez bien comprendre toute la peine et la douleur profonde que me cause ce déluge d'impiété et de mensonges, j'emprunterai les paroles de la sainte Ecriture : « *Allez trouver celui qui habite dans le tabernacle, allez trouver Sobna, qui est le préfet ou trésorier du temple, et vous lui direz : Que faites-vous ici, et de quel droit y êtes vous ? le Seigneur va vous faire enlever d'ici... Au lieu des riches ornements dont vous vous parez, il vous jettera hors de votre pays, comme une balle, dans un champ large et spacieux. Vous mourrez là, et c'est à quoi seront réduits le char et la pompe de votre gloire, vous qui êtes, par vos crimes, la honte de la maison du Seigneur.*

« *Je vous chasserai du rang où vous êtes et je vous déposerai de votre ministère, dit le Seigneur. En ce jour j'appellerai mon serviteur Eliacin, et je lui mettrai entre les mains toute la puissance que vous avez. Il sera comme le père des habitants de Jérusalem et de la maison de Juda, au lieu que vous en êtes le tyran. Je mettrai sur son épaule la clef de la maison de David. Je le ferai entrer dans mon saint temple comme un bois qu'on enfonce dans un lieu ferme; il sera comme un trône de gloire pour la maison de son père, et il en sera la force et l'appui.* »

Ce préfet du temple auquel le prophète venait dire : que faites-vous ici, et de quel droit y êtes-vous ? et que le Seigneur devait chasser de cette demeure sainte, et couronner d'une couronne de maux, après avoir brisé le char de sa gloire, n'est-ce pas là une image terrible du sort réservé à ceux qui, au mépris des droits les plus saints, ont formé de criminels desseins contre la maison de Juda, son riche et céleste héritage ? Le flot qui les a élevés sur des sommets vertigineux ne tardera pas à les précipiter de ces hauteurs, et à les replonger dans une obscurité profonde. Ils auront passé comme une image fugitive, et comme une ombre qui s'évanouit, et c'est alors que le Dieu de justice et de vérité appellera son serviteur Eliacin, et mettra sur ses épaules la clef de la maison de David. Il sera le père des habitants de Jérusalem, et l'ornement et le soutien de la maison de Juda, et dans les jours d'orage et de calamités, il sera comme une colonne de fer et un mur d'airain, établi pour protéger les enfants d'Israël, éclairer leur marche, et les conduire à de glorieuses et immortelles destinées.

Les deux amis se séparèrent bientôt, et lorsque Angélis se vit seul dans le chemin bordé de chênes qui conduisait à son habitation, il donna un libre cours à ses pensées et à ses réflexions : le Sobna qui s'était établi dans le temple du Seigneur, reposait tranquillement à l'ombre du tabernacle et s'était préparé dans ces lieux un tombeau magnifique, lui rappelait le bouillant tribun dont il avait admiré la vive et brillante éloquence. Hélas ! se disait-il dans l'amertume de son âme, il ne reste plus rien de ces riches dons et de ces belles espérances. Dieu l'a emporté comme une balle que l'on jette au milieu d'un champ, et a approché de ses lèvres le calice des vengeances et des colères célestes. Le Tout-Puissant a brisé le char de sa gloire, l'a dépouillé de ses magnifiques vêtements et l'a déposé de ce sublime ministère qu'il avait usurpé dans un jour de deuil et de tristesse nationale.

Angélis sentait alors monter sur ses lèvres ces paroles d'Isaïe : Comment es-tu tombé, toi qui brillais comme Lucifer ? ton sceptre a été brisé et te voilà semblable à nous.

Puissé-je voir un jour refleurir la paix et n'entendre que les chants de la joie et de l'allégresse ! Les temps sont durs et l'horizon se couvre des plus sombres couleurs, mais l'heure de la miséricorde est peut-être proche, et Dieu veuille que ce temps d'épreuves soit abrégé et que nous puissions bientôt assister au réveil des âmes et voir enfin le terme de ces longues et lamentables misères.

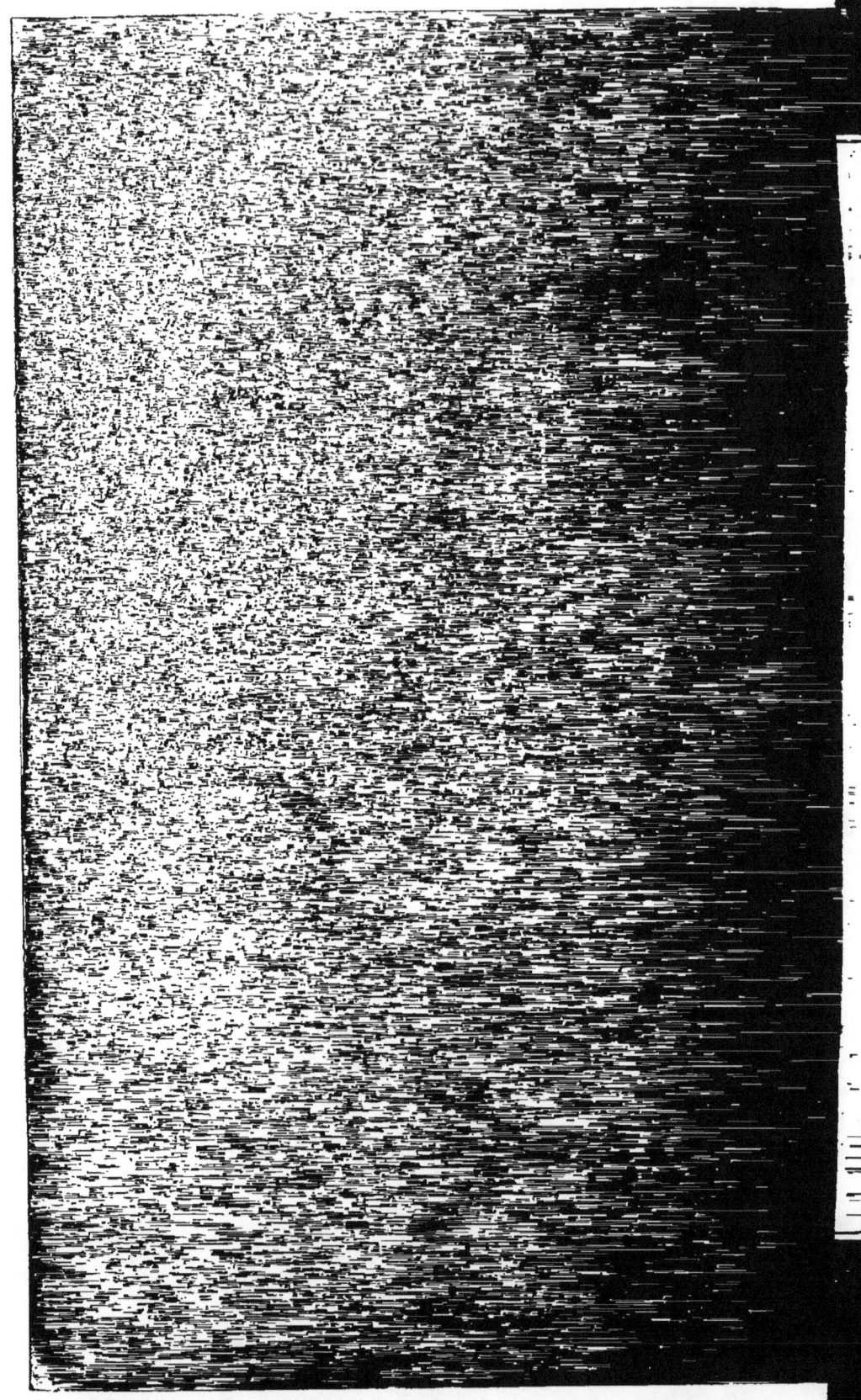

www.ingramcontent.com/pod-product-compliance
Lightning Source LLC
Chambersburg PA
CBHW070300100426
42743CB00011B/2282